JORDGUBBE: 100 BEPRÖVADE RECEPT

Utforska jordgubbarnas söta och saftiga värld med 100 smakrika rätter

HUGO LUNDSTRÖM

Copyright Material ©2024

Alla rättigheter förbehållna

Ingen del av denna bok får användas eller överföras i någon form eller på något sätt utan korrekt skriftligt medgivande från utgivaren och upphovsrättsinnehavaren, förutom korta citat som används i en recension. Den här boken bör inte betraktas som en ersättning för medicinsk, juridisk eller annan professionell rådgivning.

INNEHÅLLSFÖRTECKNING

INNEHÅLLSFÖRTECKNING **3**
INTRODUKTION **6**
FRUKOST **7**
   1. MIXER STRAWBERRY MOCHI MUFFINS 8
   2. STRAWBERRY CRÊPE S 11
   3. CHOKLAD- OCH JORDGUBBSFYLLDA PANNKAKOR 13
   4. KOKOS JORDGUBBSBAKAD HAVRE 15
   5. BANOFFEE VÅFFLA 17
   6. STRAWBERRY ELDERFLOWER CREPES 20
   7. JORDGUBBSCHEESECAKE BAKAD HAVRE 22
   8. KÖRSBÄRSFYLLD PRETZELCROISSANT 24
   9. JORDGUBBSROSÉPANNKAKOR 26
   10. VÅFFLOR MED ROSSIRAP, JORDGUBBAR OCH CRÈME FRAÎCHE ... 28
   11. STRAWBERRY MAPLE SCONES 30
   12. STRAWBERRY CREAM CHEESE BRIOCHE BRAID 32
   13. JORDGUBBSFYLLD ENGELSK MUFFIN 34
   14. JORDGUBBS- OCH KÖRSBÄRSFYLLD KRINGLACROISSANT 36
SNACKS OCH APTITRETARE **38**
   15. JORDGUBBSRIS KRISPIE OREO GODSAKER 39
   16. STRAWBERRY CHEESECAKE RICE KRISPIES 41
   17. JORDGUBBSSYLTFYLLDA P OP TÅRTOR 44
   18. GRÄDDOST JORDGUBBSPOPTÅRTOR 46
   19. STRAWBERRY COTTAGE CHEESE BARS 49
   20. STRAWBERRY MANGO CREAM PUFFS 51
   21. STRAWBERRY CRUFFINS 55
   22. STRAWBERRY YOGHURT SHORTCAKE SQUARES 57
   23. FYLLDA JORDGUBBAR 59
   24. NUTELLA FYLLDA JORDGUBBAR 61
   25. CHOKLADDOPPADE JORDGUBBAR 63
   26. RÖDA, VITA OCH BLÅA JORDGUBBAR 65
   27. CINCO DE MAYO JORDGUBBAR 67
   28. JORDGUBBSTOMTEHATTAR 69
   29. JORDGUBBS CHIFFONGRUTOR 71
   30. S'MORES FYLLDA JORDGUBBAR 73
   31. STRAWBERRY CHEESECAKE CHURROS 75
   32. JORDGUBBSGRÄDDOST ENCHILADAS 77
   33. GODIVA STRAWBERRY BANANA KABOBS 79
   34. BLANDADE FRUKTVÅRRULLAR MED JORDGUBBSSÅS 81
   35. VÅRRULLAR MED STRAWBERRY LEMONAD DIP 84
   36. JORDGUBBSFRYSTA YOGHURTRÅN 87

37. Strawberry Tuiles	91
38. Lunchbox Strawberry Yoghurt Dip	93
39. Jordgubbe Tempura	95
40. Strawberry Cheesecake Nachos	97

HUVUDRÄTT 99

41. Pepperoni Och Spenat Jordgubbssallad	100
42. Rosa festsallad	102
43. Kiwi Strawberry Mint Frukt Sushi Bowl	104
44. Jordgubbsbasilika Prosciutto grillad ost	106
45. Rostat bröd med jordgubbar och färskost	108
46. Sparris Och Jordgubbssallad	110
47. Jordgubbar Och Spenat Ravioli Sallad	112

EFTERRÄTT 114

48. Strawberry Mirror Glaze Macarons	115
49. Strawberry Lamingtons	119
50. Jordgubbssufflé	121
51. Chokladdoppade jordgubbskakor	123
52. Fläder Panna Cotta Med Jordgubbar	126
53. Rose Strawberry Lamington	129
54. Jordgubbstårta och fläderkaka	132
55. Käglor Jordgubbscheese Cake	135
56. Strawberry Shortcake Butter Cookies	137
57. Strawberry Crunch Tres Leches tårta	139
58. Strawberry Cheesecake Flan	141
59. No-Bake Strawberry Lemonade Cake	143
60. No-Bake Strawberry Tartlets	145
61. Strawberry Shortcake Lasagne	147
62. Strawberry Cheesecake Popsicles	149
63. Månkaka med jordgubbar och vaniljsås	151
64. Chokladtäckta Strawberry Pots De Crème	154
65. Jordgubbs- och rosenbladsmördegskaka	157
66. Jordgubbstårtarulle	159
67. Key Lime Strawberry Cheesecake Bundt Cake	162
68. Strawberry Shortcake Chiffong Cupcakes	165
69. Strawberry Chiffong Cheesecake Parfaits	168
70. Jordgubbar Och Grädde Éclairs	171
71. Rabarberrosa och jordgubbspistaschgaletter	174
72. Mint Strawberry Posset	178
73. Cheesecake-fyllda jordgubbstårta Mix Cookies	180
74. Godiva Strawberry Torte	183
75. Mini jordgubbspajer med lavendelkräm	185
76. Strawberry Mirror Glaserad Bavarois	188
77. Jordgubbspistasch Mille-Feuillantines	191

78. BOOZY STRAWBERRY TRIFLE 194
79. JORDGUBBSRABARBERSKOMAKARE 196
80. RABARBER OCH STRAWBERRY CRISP 198
81. STRAWBERRY BISCOFF DESSERT PIZZA 200
82. JORDGUBBSMACARON 202
83. JORDGUBBS-CHAMPAGNESORBET 205
84. FERRERO ROCHER STRAWBERRY CHARLOTTE 207
85. HIBISCUS STRAWBERRY MARGARITA FLOAT 209

KRYDDER 211
86. JORDGUBBSSYLT 212
87. JORDGUBBS LAVENDELSYLT 214
88. STRAWBERRY GLAZE 216
89. RABARBER-, ROS- OCH JORDGUBBSSYLT 218

DRYCK 220
90. SKITTLES STRAWBERRY MILKSHAKE 221
91. STRAWBERRY AÇAÍ ROSÉ SPRITZER 223
92. JORDGUBBS LASSI 225
93. JORDGUBBAR OCH MARSHMALLOW COCKTAIL 227
94. JORDGUBBSBANAN HASSELNÖTSSMOOTHIE 229
95. STRAWBERRY LEMONADE SPRITZER 231
96. JORDGUBBS- OCH PISTASCHSMOOTHIE 233
97. DALGONA JORDGUBBSMJÖLK 235
98. MOUSSERANDE JORDGUBBSMIMOSA 237
99. FRUKOST BERRY BANANA MILKSHAKE 239
100. SMOOTHIE MED MYNTA OCH JORDGUBBAR 241

SLUTSATS 243

INTRODUKTION

Välkommen till "Jordgubbar: 100 beprövade och sanna recept." Jordgubbar, med sin livfulla färg, söta smak och saftiga konsistens, är en älskad frukt som uppskattas av människor i alla åldrar. I den här kokboken bjuder vi in dig att utforska jordgubbarnas söta och saftiga värld med en utvald samling av 100 smakrika rätter som hyllar denna underbara frukt i all sin glans.

Jordgubbar är mer än bara ett gott mellanmål; de är en mångsidig ingrediens som kan användas i en mängd olika rätter, från söta till salta och allt däremellan. I den här kokboken kommer vi att visa upp de många sätt du kan inkludera jordgubbar i din matlagning, från klassiska desserter som jordgubbstårta och jordgubbspaj till innovativa sallader, såser och salta rätter som framhäver den naturliga sötman och syran hos denna älskade frukt.

Varje recept i denna kokbok är beprövad och säkerställer läckra resultat varje gång du lagar mat med jordgubbar. Oavsett om du bakar, mixar, grillar eller konserverar, hittar du massor av inspiration och vägledning på dessa sidor. Med tydliga instruktioner, användbara tips och fantastisk fotografering gör "Strawberries: 100 Tried and True Recipes" det enkelt att njuta av smakerna av jordgubbar året runt.

Så oavsett om du plockar färska jordgubbar från trädgården, letar efter de mogna bären på bondens marknad eller bara är sugen på en smak av sommar, låt den här kokboken vara din guide till att utforska den söta och saftiga världen av jordgubbar i all dess läckra härlighet .

FRUKOST

1. Mixer Strawberry Mochi Muffins

INSTRUKTIONER:
FÖR MOCHI MUFFINS:
- Matlagningsspray
- 2 msk neutral olja
- ¾ kopp plus 2 matskedar mjölk eller vanlig växtbaserad mjölk (soja eller havre)
- 2 stora ägg eller cirka ⅓ kopp silken eller mjuk tofu
- 2 msk sötad kondenserad mjölk, agavesirap eller lönnsirap
- 1 droppe röd gel matfärgning
- 6 till 7 stora jordgubbar, gröna toppar borttagna
- 1 tsk miso (röd eller vit)
- 1 tsk bakpulver
- ⅓ kopp strösocker
- 2 ⅓ koppar klibbigt rismjöl (Mochiko)

FÖR VALFRI TILLÄGG:
- Frystorkat jordgubbspulver
- Florsocker
- Ätbart guld
- Matcha pulver
- Hackade eller skivade jordgubbar

INSTRUKTIONER:
a) Värm ugnen till 350°F med ett galler i mitten.
b) Klä en 12-kopps muffinsform med muffinsfodral. Spraya fodret med matlagningsspray eller smörj lätt med olja. Alternativt, utelämna foder och smörj generöst varje kopp i muffinsformen.
c) Tillsätt olja, mjölk, ägg, kondenserad mjölk eller sirap, matfärg, jordgubbar, miso, bakpulver, socker och rismjöl i en mixer och mixa tills det är slätt och sammanhållen. Vila eventuellt smeten några minuter.
d) Fördela smeten jämnt i muffinsformen. Du ska räcka till 12 muffins. Varje muffinskopp ska vara cirka ¾ full.
e) Grädda i 50 till 55 minuter, tills en insatt tandpetare eller bambuspett kommer ut rent. För att hålla muffinstopparna rosa, täck muffinsen med aluminiumfolie ca 15 minuter in i gräddningen. Ställ muffinsformen på galler för att svalna. När muffinsen svalnar blir de tätare och mer töjbara/elastiska.
f) Toppa muffinsen med valfria toppings. Jag gillar att lägga hackade eller skivade jordgubbar ovanpå och pudra med konditorsocker eller matcha . Om du känner dig bougie , garnera med ätbara guldflingor.
g) Mochi- muffins kan förvaras i lufttäta behållare i rumstemperatur i upp till 2 dagar, eller kylas i upp till en vecka. Värm efter behov i brödrost, ugn eller mikrovågsugn.

2. Strawberry Crêpes

INSTRUKTIONER:
- Smör att steka Crêpes
- 3 stora ägg
- ⅔ kopp tung grädde
- 3 matskedar Dr. Atkins Bake Mix
- 4 matskedar sockerersättning
- ⅛ tesked mandelextrakt
- ¼ tesked vaniljextrakt
- ½ tsk rivet apelsinskal

JORDGubbsfyllning:
- 2 dl jordgubbar, tvättade, skalade och skivade
- 6 matskedar Sugar Twin sockerersättning

INSTRUKTIONER:
a) Förbered en tung 8-tums stekpanna eller Crêpe-panna med uppvärmt smör. Vispa ihop alla Crêpe-ingredienser i en bunke.
b) När smöret slutar skumma, häll 1/6 Crêpe-blandning i stekpannan, se till att täcka botten jämnt.
c) Koka tills botten är brun och toppen stelnar. Använd en spatel för att vända crêpen och bryn den andra sidan. När det är klart, överför till en pappershandduk.
d) Upprepa denna procedur med resterande smet och smör.
e) Gör sedan din fyllning genom att kombinera jordgubbar med sockerersättning och sked ca 1 blandning på varje Crêpe.
f) Tillsätt lättvispad grädde efter smak och garnera med resterande jordgubbar.

3.Choklad- och jordgubbsfyllda pannkakor

INSTRUKTIONER:
- 3 tsk bakpulver
- 50 g strösocker
- 1 färskt ägg
- 200 ml mjölk
- 400 g Nutella
- 300 g vanligt mjöl
- 1 nypa salt
- Jordgubbar, skivade (valfritt)
- 1 msk solrosolja
- 1 tsk Vanilla Essence

INSTRUKTIONER:

a) Skär ett ark bakplåtspapper i 6 rutor, var och en på 10 cm.
b) Skeda 1-2 matskedar Nutella på mitten av varje bakplåtsruta och fördela den i en 6 cm skiva. Lägg rutorna på en bricka och frys i minst en timme.
c) Förbered pannkakssmeten under tiden. Blanda alla torra ingredienser i en skål och skapa en brunn i mitten. Vispa ihop ägget, mjölken och vaniljessensen i en separat skål. Häll denna blandning i mjölblandningen och rör om för att införliva.
d) Pensla lite olja på en panna på medelvärme. Tillsätt en slev smet och låt koka i 2-3 minuter tills det bildas bubblor på toppen och undersidan är gyllene.
e) Vänd pannkakan och koka ytterligare en minut. Lägg sedan på ett lager skivade jordgubbar och lägg en frusen chokladskiva ovanpå.
f) Häll lite mer smet över chokladskivan och jordgubbarna. Koka ytterligare en minut tills basen är gyllene, vänd sedan och tillaga den andra sidan.
g) Upprepa denna process tills all smet har använts.
h) Servera pannkakorna varma, eventuellt med nyvispad grädde.

4.Kokos jordgubbsbakad havre

INSTRUKTIONER:
- ⅓ kopp mandelmjölk
- 1 kopp havregryn
- 1 medelstor övermogen banan
- 1 stort ägg
- 1 msk smält smör eller kokosolja
- ½ tesked kokosextrakt
- ¼ kopp hackade jordgubbar
- ¼ kopp riven kokos

INSTRUKTIONER:
a) Börja med att förvärma ugnen till 375 grader Fahrenheit. Smörj två 10-ounce ramekins med non-stick matlagningsspray.
b) I en snabbmixer, kombinera mandelmjölk, vaniljextrakt, lönnsirap, havre, banan, ägg, smält smör, bakpulver, salt och kokosextrakt. Mixa på hög hastighet tills allt är väl blandat och havren är finmald. Detta tar vanligtvis cirka 10 till 15 sekunder.
c) Fördela den blandade blandningen jämnt mellan de förberedda ramekinerna.
d) Efter mixning, vänd ner de hackade jordgubbarna och strimlad kokos. Se till att fördela dem jämnt i blandningen.
e) Placera ramekins i den förvärmda ugnen och grädda tills havren är genomstekt på den övre mitten. Gräddningstiden är cirka 23 till 30 minuter. Justera tiden baserat på storleken och formen på dina ramekins.
f) Låt kokosjordgubbsbakad havre svalna något innan servering. Detta hjälper till att stelna havren och förbättrar den övergripande konsistensen.
g) När den svalnat, servera kokosjordgubbsbakad havre för en läcker och näringsrik frukost eller mellanmål. Kombinationen av kokosnötsextrakt, färska jordgubbar och riven kokos ger en tropisk och tillfredsställande smak till den klassiska bakade havren.

5.Banoffee våffla

INSTRUKTIONER:
- 2 bananer
- 25 g osaltat smör
- 30 g farinsocker
- 2 belgiska våfflor
- 1 skopa Banoffee Crunch-glass
- 1 skopa kola fudge glass
- 15g vispgrädde
- 20 g dulce de leche
- 15 g chokladsås
- 2 Cadbury barer
- 3 färska jordgubbar

INSTRUKTIONER:
BANANER:
a) Skala och skiva bananerna.
b) Smält det osaltade smöret på medelvärme i en kastrull.
c) Tillsätt farinsockret i det smälta smöret och rör tills sockret löst sig.
d) Lägg till bananskivorna i pannan och koka tills de är karamelliserade, vänd dem då och då. Detta bör ta cirka 3-5 minuter. Avsätta.

VÅFFLOR:
e) Rosta de belgiska våfflorna enligt anvisningarna på förpackningen eller tills de är gyllenbruna och krispiga.
f) Lägg en rostad våffla på ett serveringsfat.
g) Bred ett lager karamelliserade bananer över våfflan.
h) Lägg en kula Banoffee crunch-glass och en kula toffee fudge-glass ovanpå de karamelliserade bananerna.
i) Lägg vispad grädde över glassen.
j) Ringla dulce de leche och chokladsås över den vispade grädden.
k) Bryt Cadbury-stängerna i små bitar och strö dem över våfflan.

JORDGubbar:
l) Tvätta och skiva de färska jordgubbarna.
m) Lägg jordgubbsskivorna ovanpå våfflorna.
n) Servera Banoffee Waffle omedelbart medan våfflan fortfarande är varm och glassen är lätt smält.

6. Strawberry Elderflower Crepes

INSTRUKTIONER:
PANKAKSSMET:
- 250 ml mjölk
- 1 ekologiskt ägg
- 1 msk fläderblomssirap
- 100 g mjöl

SMÖRSÅS MED FLÄDERBLOMSSIRAP:
- 50 g smör
- 70 ml fläderblomssirap
- 100 g jordgubbar

INSTRUKTIONER:
a) Börja med att förbereda smeten för crepes. Sikta mjölet i en skål och tillsätt sedan ägget, fläderblomssirapen och mjölken. Rör om tills du får en slät, klumpfri smet.
b) Värm en stekpanna på medelvärme och smörj den lätt med olja. Koka de tunna pannkakorna i omgångar och vik dem sedan till trianglar.
c) Smält smöret på medelvärme i en annan stekpanna. Tillsätt fläderblomssirapen och rör om. Lägg de vikta pannkakstrianglarna i stekpannan. Låt dem dra i den härliga såsen och vänd dem sedan. Värm dem igenom och du är redo att servera.
d) Platta crepesna omedelbart och toppa dem med färska jordgubbar. För en extra touch av sötma, strö dem med florsocker eller koppla ihop dem med en kula vaniljglass.
e) Njut av denna aptitretande pannkaksrätt och njut av den harmoniska blandningen av smaker!

7.Jordgubbscheesecake bakad havre

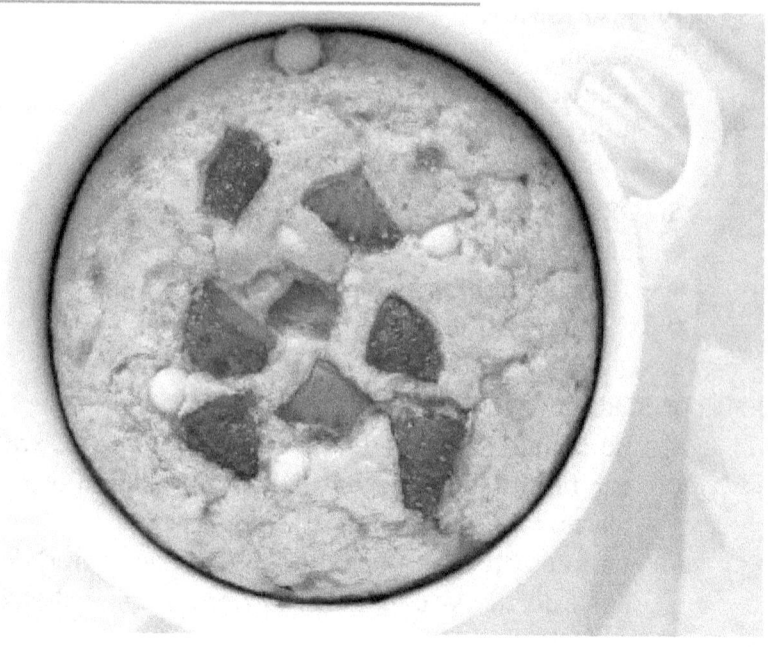

INSTRUKTIONER:
- ⅓ kopp havregryn
- ¼ kopp färska eller frysta jordgubbar
- ¼ kopp valfri mjölk (havremjölk eller kokosmjölk rekommenderas)
- ½ msk lönnsirap
- ⅛ tesked salt
- ½ tsk bakpulver
- ½ msk färskost (använd mjölkfri för en vegansk version)
- ¼ tesked vaniljextrakt

INSTRUKTIONER:
a) Värm ugnen till 355ºF/180ºC.
b) Mixa havregryn i en matberedare tills den får en mjölig konsistens. Hoppa över detta steg om du använder havremjöl.
c) Tillsätt alla resterande ingredienser (förutom färskost) i matberedaren. Bearbeta tills det är slätt och väl kombinerat. Smaka av och justera sötningsmedlet om så önskas.
d) Häll jordgubbshavregrynen i en värmetålig skål eller ramekin. Skeda färskosten i mitten, tryck försiktigt ner den så att den döljs i mitten av havregrynen.
e) Grädda vid 355ºF/180ºC i cirka 15 minuter. Det är okej om havregrynen är något sliskig. För en torrare konsistens kan du förlänga gräddningstiden med 2-3 minuter.
f) Servera havregrynen direkt eller toppa med fler skivade jordgubbar och eventuellt en klick kokosvispad grädde eller en klick vit choklad.

8.Körsbärsfylld pretzelcroissant

INSTRUKTIONER:
- 2 färska kringla croissanter
- 6 matskedar ostmassa eller färskost
- 3 msk lönnsirap eller honung
- 1 tsk citronsaft
- ½ tesked vaniljextrakt
- 1 kopp färska jordgubbar
- ½ kopp färska körsbär

INSTRUKTIONER:
a) Tvätta jordgubbarna och ta bort de gröna topparna. Skär dem i skivor. Tvätta körsbären, halvera dem och ta bort stenarna. Blanda jordgubbar och körsbär i en skål med 1 msk lönnsirap och citronsaft.
b) I en separat skål, blanda ostmassan med 1 msk lönnsirap och vaniljextraktet. För en krämigare konsistens, tillsätt 1-2 matskedar vatten till blandningen om så önskas.
c) Skär kringla croissanterna på mitten horisontellt. Bred ut 3 matskedar av vaniljkvargblandningen på den nedre halvan av varje croissant.
d) Toppa kvargblandningen med de blandade frukterna, fördela dem jämnt över croissanthalvorna.
e) Täck frukterna med den övre delen av croissanten, vilket skapar en härligt fylld kringla croissant.
f) Om du vill, ringla lite extra lönnsirap eller honung på den övre halvan av croissanten för extra sötma.
g) Servera omedelbart och njut av denna härliga jordgubbs- och körsbärsfyllda pretzelcroissant för en härlig frukost som för med sig sommarens smaker till din morgonrutin.

9.Jordgubbsrosépannkakor

INSTRUKTIONER:
- 1 ½ dl hackade jordgubbar
- 1-2 msk socker (beroende på sötma på dina bär)
- 2 dl fullkornsbakelse eller universalmjöl
- 3 msk malda linfrön
- 1 matsked socker
- 1 msk bakpulver
- ¼ tesked salt
- 1 kopp rosé
- 1 dl mandel eller annan mjölkfri mjölk
- ½ tesked vaniljextrakt
- 1 tsk rosenvatten

INSTRUKTIONER:
a) Blanda de hackade jordgubbarna med socker i en liten skål och ställ åt sidan så att de släpper ut lite söt juice.
b) I en stor skål, kombinera mjöl, malda linfrön, socker, bakpulver och salt. Vispa de torra ingredienserna tills de är väl blandade.
c) Ta upp till ¼ kopp av den söta jordgubbsjuicen och blanda den med roséen.
d) Skapa en brunn i mitten av de torra ingredienserna och häll i mandelmjölk, jordgubbsinfunderad rosé, vaniljextrakt och rosenvatten. Vispa blandningen tills de flesta av klumparna är borta.
e) Rör försiktigt ner ¾ kopp av de hackade jordgubbarna i smeten.
f) Värm en stekpanna eller stekpanna på medelvärme. För att kontrollera om det är klart, stänk lite vatten på det, och när det fräser är du bra att gå.
g) Häll cirka ⅓ kopp smet på grillen för varje pannkaka. Koka tills kanterna är lätt bruna och många luftbubblor har dykt upp på ytan. Vänd sedan och koka i ytterligare en minut.
h) Servera pannkakorna med resterande hackade jordgubbar, lönnsirap och resten av rosén.

10. Våfflor med rossirap, jordgubbar och crème fraîche

INSTRUKTIONER:
- 10 stora jordgubbar
- 1 matsked Rose Cordial
- 4 matskedar Crème Fraîche
- 150 g (6 ounce) vanligt (all-purpose) mjöl
- ½ msk bakpulver
- ¼ tesked bikarbonatsoda (bakpulver)
- 1 matsked Golden Caster (granulerat) socker
- Nypa salt
- 200 ml (7 fl ounces) Kärnmjölk
- 1 stort ägg
- 50 g (3 matskedar) Smält osaltat smör
- Olja i en sprayflaska

INSTRUKTIONER:
a) Kärna ur och skiva jordgubbarna. I en liten skål, kombinera dem med rosen cordial och ställ åt sidan.
b) Förvärm ditt våffeljärn. Medan den värms upp förbereder du våffelsmeten.
c) I en skål, kombinera mjöl, bakpulver, bikarbonat, socker och salt. Blanda kärnmjölk, ägg och smält smör i en annan skål. Vispa gradvis ner den flytande blandningen i mjölblandningen.
d) Spraya lätt varje platta av våffeljärnet med olja. Koka våfflorna i omgångar, spraya lite mer olja mellan omgångarna.
e) Fördela de kokta våfflorna mellan två varma tallrikar. Skeda över crème fraîche , de beredda jordgubbarna och ros- och jordgubbsjuicen i botten av jordgubbsskålen.

11.Strawberry Maple Scones

INSTRUKTIONER:
- 2 dl havremjöl.
- ⅓ kopp mandelmjölk.
- 1 kopp jordgubbar.
- En näve torkade vinbär.
- 5 matskedar kokosolja.
- 5 matskedar lönnsirap.
- 1 msk bakpulver.
- 1 ½ tsk vaniljextrakt.
- 1 tsk kanel.
- ½ tsk kardemumma (valfritt).
- Strö över salt.

INSTRUKTIONER:
a) Tillsätt kokosoljan i havremjölet och blanda med en gaffel tills en smulig deg bildas.
b) Tillsätt jordgubbsbitarna och vinbären så fort det har svalnat och blanda sedan långsamt in alla de blöta ingredienserna.
c) Forma en cirkel av degen på en bakplåtspappersklädd plåt - den ska vara ca 1 tum tjock.
d) Grädda i 15-17 minuter efter att ha skurits i åtta triangulära bitar.
e) Servera med sylt, honung eller nötsmör för en speciell njutning!

12. Strawberry Cream Cheese Brioche Braid

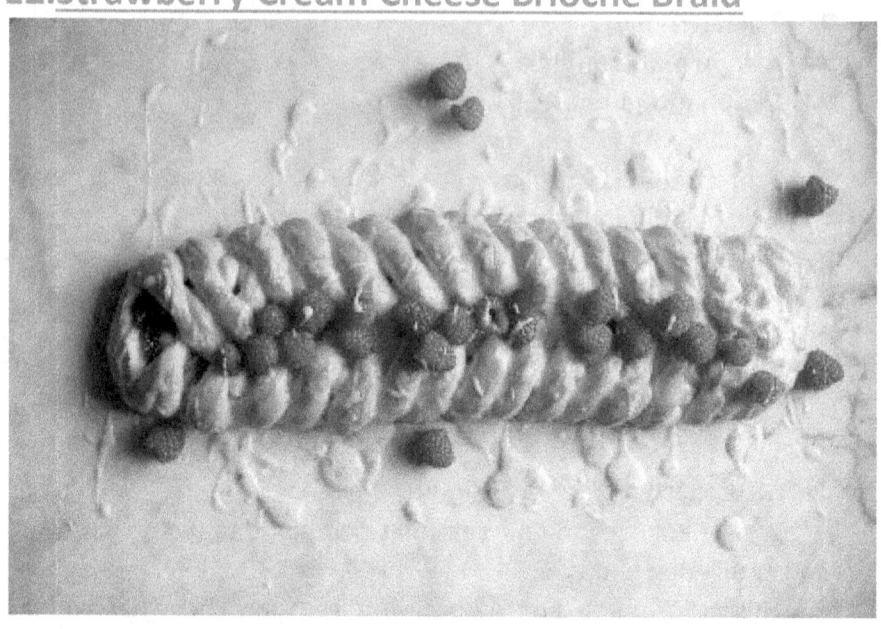

INSTRUKTIONER:

- 4 dl brödmjöl
- ⅓ kopp socker
- 1 tsk salt
- 1 paket snabbjäst
- 1 kopp varm mjölk
- 3 stora ägg
- ½ kopp osaltat smör, smält
- 1 dl färska jordgubbar, skivade
- 4 uns färskost, mjukad
- ¼ kopp strösocker

INSTRUKTIONER:

a) Lös upp jästen i varm mjölk och låt stå i 5 minuter.
b) Blanda mjöl, socker och salt. Tillsätt jästblandning, ägg och smält smör. Knåda tills den är slät.
c) Kavla ut degen, bred ut ett lager färskost och lägg skivade jordgubbar ovanpå.
d) Vik degen över fyllningen, skapa en fläta.
e) Låt jäsa och grädda sedan i 350°F (175°C) i 25-30 minuter.

13.Jordgubbsfylld engelsk muffin

INSTRUKTIONER:
- 2 msk jordgubbssylt
- 1 matsked fettsnål färskost
- 1 ägg
- 1 äggvita
- 1 tsk vaniljextrakt
- 2 tsk lönnsirap
- 1 msk osötad mandelmjölk
- En nypa salt
- 2 glutenfria engelska muffins
- Toppings: strösocker, ren lönnsirap, färska jordgubbar

INSTRUKTIONER:

a) Kombinera jordgubbssylten och färskosten med låg fetthalt i en liten skål tills det är väl blandat.

b) Vispa ihop ägg, äggvita, vaniljextrakt, lönnsirap, mandelmjölk och en nypa salt i en separat, bredare skål.

c) Använd en liten kniv för att skapa en skåra i sidan av varje engelsk muffins, var noga med att inte skära igenom till andra sidan. Denna skåra låter dig fylla muffinsen. Fördela jordgubbs- och färskostfyllningen jämnt mellan de två muffinsen, skeda försiktigt i skårorna.

d) Lägg de fyllda engelska muffinsen i äggsmeten, låt dem dra i några minuter. Vänd dem så att båda sidorna blötläggs jämnt.

e) Hetta upp en panna med lite nonstick-spray på medelhög värme. När de är uppvärmda lägger du till de blötlagda och fyllda engelska muffinsen i pannan för tillagning på första sidan. Täck med lock och koka i cirka 2-3 minuter, se till att de inte bränns. Vänd dem, täck dem igen och stek den andra sidan.

f) Servera omedelbart, toppat med strösocker, en klick sirap och färska jordgubbar. Njut av!

14.Jordgubbs- och körsbärsfylld kringlacroissant

INSTRUKTIONER:

- 2 färska kringla croissanter
- 6 msk ostmassa eller färskost
- 3 msk lönnsirap eller honung
- 1 tsk citronsaft
- 1/2 tsk vaniljextrakt
- 1 kopp färska jordgubbar
- 1/2 kopp färska körsbär

INSTRUKTIONER:

h) Tvätta jordgubbarna och ta bort de gröna topparna. Skär dem i skivor. Tvätta körsbären, halvera dem och ta bort stenarna. Blanda jordgubbar och körsbär i en skål med 1 msk lönnsirap och citronsaft.

i) I en separat skål, blanda ostmassan med 1 msk lönnsirap och vaniljextraktet. För en krämigare konsistens, tillsätt 1-2 matskedar vatten till blandningen om så önskas.

j) Skär kringla croissanterna på mitten horisontellt. Bred ut 3 matskedar av vaniljkvargblandningen på den nedre halvan av varje croissant.

k) Toppa kvargblandningen med de blandade frukterna, fördela dem jämnt över croissanthalvorna.

l) Täck frukterna med den övre delen av croissanten, vilket skapar en härligt fylld kringla croissant.

m) Om du vill, ringla lite extra lönnsirap eller honung på den övre halvan av croissanten för extra sötma.

n) Servera omedelbart och njut av denna härliga jordgubbs- och körsbärsfyllda pretzelcroissant för en härlig frukost som för med sig sommarens smaker till din morgonrutin.

SNACKS OCH APTITRETARE

15.Jordgubbsris Krispie Oreo godsaker

INSTRUKTIONER:
- 4 koppar Rice Krispies spannmål
- 3 koppar mini marshmallows
- ¼ kopp infunderat smör
- 1 kartong Strawberry Jell-o
- 2 koppar hackade gyllene oreos

INSTRUKTIONER:

a) Klä en 8x8 fyrkantig form med folie och spraya lätt med matlagningsspray. Avsätta.
b) Smält det cannabisinfunderade smöret och marshmallows i en 3 liters panna på medelvärme.
c) Rör ner Jell-O-blandningen.
d) Rör tills det är blandat och vänd sedan ner Rice Krispies och Golden Oreos.
e) Tryck ut blandningen i den förberedda pannan.
f) Låt svalna i minst 2 timmar innan du skär upp i barer och serverar.

16.Strawberry Cheesecake Rice Krispies

INSTRUKTIONER:
RICE KRISPIE CRUST:
- 4 koppar Rice Krispies spannmål
- 3 matskedar smör (saltat eller osaltat)
- 10 uns mini-marshmallows (ungefär 1 påse)
- Matlagningsspray

CHEESECKE-FYLLNING:
- 16 uns gräddost, mjukad (2 paket)
- 1 dl konditorsocker
- 1 tsk vaniljextrakt
- 1 kopp vispad topping (som Cool Whip)
- 1 paket smaklös gelatin (¼ uns)
- ¼ kopp vatten

JORDGUBBERTOPPING:
- 1 pund jordgubbar, grovt hackade
- ¼ kopp strösocker

INSTRUKTIONER:
RICE KRISPIE CRUST:
a) Smält smör på låg värme i en stor kastrull. Rör ner marshmallows tills de är helt smälta.
b) Tillsätt Rice Krispie Cereal och rör om tills det är jämnt täckt.
c) Spraya en djup 9×13 panna med matlagningsspray. Tryck ut blandningen jämnt i pannan med hjälp av vaxpapper eller en smörad spatel. Justera tjockleken efter önskemål. Låt svalna i kylen medan du förbereder resten av efterrätten.

JORDGUBBSÅS:
d) Blanda skivade jordgubbar, socker och valfritt apelsinskal i en liten skål tills det är väl täckt.
e) Låt det sitta i cirka 30 minuter, rör om då och då, tills jordgubbarna släpper saften och sockret löser sig. Mosa några jordgubbar med en träslev. Tillsätt vatten om det behövs mer sirap.

CHEESECKE-FYLLNING:
f) Strö gelatin över vatten i en liten skål. Låt den sitta i 3-5 minuter och låt den sedan stå i mikrovågsugn i 20-30 sekunder tills den lösts upp. Ställ åt sidan för att svalna.
g) Blanda färskost och siktat strösocker i en stående mixer. Blanda tills det är fluffigt.
h) Byt till visptillbehöret, tillsätt vispad topping och vispa tills mjuka toppar bildas.
i) Om gelatinet har gelerat, värm det kort i mikron och blanda ner det i fyllningen.
j) Fortsätt vispa tills det bildas fasta toppar.
k) Häll cheesecakefyllningen över de avsvalnade Rice Krispie Treats och fördela jämnt. Kyl i en timme eller över natten.
l) Strax före servering, skeda eller häll jordgubbsfyllningen över cheesecakelagret eller servera den över enskilda skivor.

17. Jordgubbssyltfyllda P op tårtor

INSTRUKTIONER:
- 2 ark tinat smördeg
- 6 matskedar jordgubbssylt

ÄGGTVÄTT:
- 1 stort ägg
- 1 msk mjölk

GARNERING:
- Grovt socker (valfritt)

INSTRUKTIONER:
a) Värm ugnen till 400F. Klä en plåt med bakplåtspapper; avsätta.
b) Skär varje plåt i 6 jämna rektanglar, vilket resulterar i totalt 12 rektanglar.
c) Bred ungefär en matsked jordgubbssylt på sex av de rektangulära smördegsutskärningarna.
d) På de återstående sex rektanglarna använder du kakformar för att skapa former och intrikata mönster.
e) Lägg smördegsarken med urtag över de med sylt. Täta kanterna med en gaffel på alla fyra sidor.
f) I en liten skål, kombinera ägget och mjölken för äggtvätt. Pensla det över toppen av poptårtorna.
g) Strö eventuellt grovt socker ovanpå.
h) Lägg poptärtorna på plåten och grädda i cirka 20 minuter tills topparna blir gyllenbruna.
i) Låt poptärtorna svalna innan servering. Observera att de först kommer att blåsa upp men kommer att tömmas när de svalnar.
j) Servera dessa härliga jordgubbssyltpoptårtor till frukost eller som ett smaskigt mellanmål.

18.Gräddost Jordgubbspoptårtor

INSTRUKTIONER:
BAKVERK:
- 250 g glutenfri mjölmix
- 100 g kallt osaltat smör
- 140 g kall laktosfri gräddfil
- ¼ tesked bakpulver
- 1 till 2 matskedar iskallt vatten
- ½ tsk salt
- 1 matsked socker (valfritt för söta bakverk)

FÖR FYLLNING:
- 100 g laktosfri färskost

JORDGUBBSSYLT:
- 450 g färska eller frysta jordgubbar
- 150 ml lönnsirap (eller socker)
- 3 matskedar citronsaft
- 1 tsk citronskal
- 1 tsk rent vaniljextrakt
- 1 tsk majsstärkelse
- 3 matskedar vatten (för att lösa upp majsstärkelsen)

ÄGGTVÄTT:
- 1 ägg
- 2 msk laktosfri mjölk eller grädde

FÖR GLASSEN:
- 100 g färskost
- 50 g jordgubbssylt

INSTRUKTIONER:
SÅ HÄR GÖR DU BAKET:
a) Skär smöret i tärningar.
b) I en skål, blanda mjöl, bakpulver, salt och socker (om du använder).
c) Tillsätt smörtärningarna och arbeta in mjölet i smöret. Platta ut varje smörbit mellan tummen och pekfingret.
d) Tillsätt gräddfilen och blanda för att fukta de torra ingredienserna. Knåda degen, tillsätt isvatten endast om det behövs.
e) Lägg degen på ett ark plastfolie, tryck ut den i en skiva och låt stå i kylen i 30 minuter.

FÖR ATT GÖRA JORDGubbssylten:

f) I en kastrull, kombinera jordgubbar, lönnsirap, vaniljextrakt, citronsaft och citronskal.
g) Sjud på medelvärme, rör om ofta och mosa jordgubbarna.
h) Efter 5 minuter, blanda majsstärkelse med vatten och tillsätt den i kastrullen. Fortsätt att röra tills pålägget tjocknar.
i) Ta bort från värmen och låt svalna i 5 minuter.

FÖR ATT GÖRA POPPTARTA:
j) Pudra din arbetsyta med mjöl. Rulla degen till en 9x12-tums rektangel.
k) Skär önskade poptårtaformer eller använd en kakform. Pensla ägget över ena sidan.
l) Lägg 1 tsk laktosfri färskost och 1 tsk jordgubbssylt i mitten.
m) Lägg försiktigt en andra utskuren form ovanpå, tryck till kanterna för att täta och krympa med en gaffel.
n) Upprepa med resterande utskurna former, lägg dem på en bakplåtspappersklädd plåt.
o) Använd en ätpinne för att sticka hål i toppen av varje bakverk för att ventilera. Kyl i 15 minuter.
p) Värm ugnen till 200°C (400°F), pensla sedan toppen av varje poptårta med resterande äggtvätt.
q) Grädda i ca 20 minuter tills de är gyllenbruna. Tryck försiktigt ner för att ta bort ånga och platta till. Låt svalna helt.

FÖR ATT GÖRA GLASSEN:
r) Blanda färskost med jordgubbssylt.
s) Bred ut 1 tesked glasyr på en poptårta och använd en sked för att försiktigt breda ut den.
t) Toppa med strössel och upprepa med resterande poptårtor.

19. Strawberry Cottage Cheese Bars

INSTRUKTIONER:
- 16 uns kartong med keso
- 2 matskedar mjöl
- ¾ kopp socker
- 2 ägg, väl uppvispade
- Rivet citronskal
- 2 msk citronsaft
- ¼ kopp tung grädde
- Nypa salt
- 2 tsk vanilj
- ½ tesked muskotnöt
- ½ kopp gyllene russin
- ½ kopp hackade valnötter
- 1 kopp färska jordgubbar, skalade och skivade plus mer till garnering
- Myntablad, till garnering

INSTRUKTIONER:
a) Värm ugnen till 350°F (175°C).
b) Förbered en ugnsform genom att smörja den med matlagningsspray eller smör.

FÖRBEREDA FYLLNINGEN:
c) I en stor skål, kombinera keso, mjöl, socker, citronskal, citronsaft, tjock grädde, salt, vanilj, muskotnöt och gyllene russin.
d) Rör om tills alla ingredienser är väl kombinerade.
e) Vänd försiktigt ner de skivade färska jordgubbarna i blandningen. Jordgubbarna kommer att ge en burk av fruktig smak till barerna.

BAKA:
f) Häll blandningen i den förberedda ugnsformen och fördela den jämnt.
g) Strö de hackade nötterna ovanpå.
h) Grädda i cirka 45 minuter, eller tills staplarna har stelnat.
i) När du har bakat klart kan du strö lite mer muskot över toppen för extra smak.
j) Garnera med några färska jordgubbar och myntablad.
k) Kyl innan du skär.

20. Strawberry Mango Cream Puffs

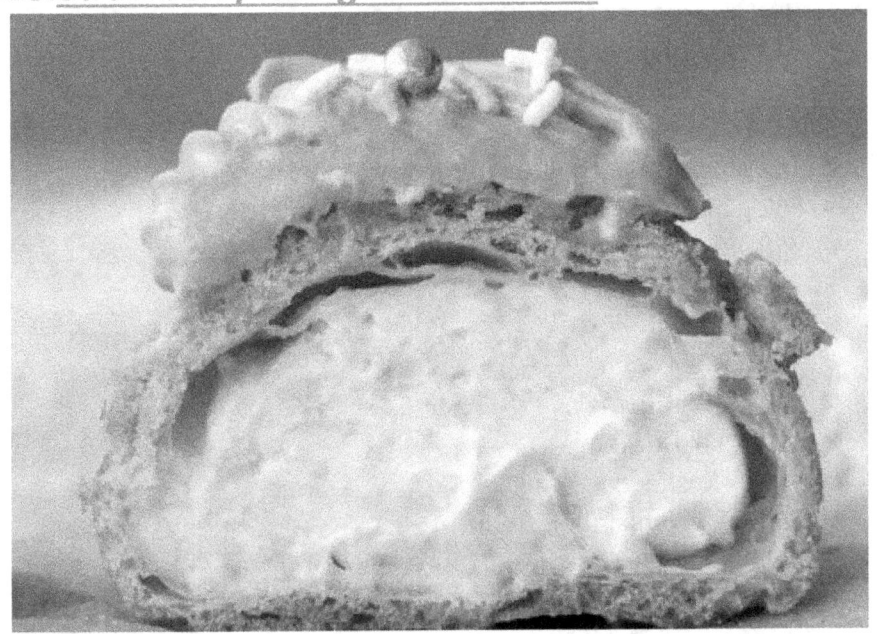

INSTRUKTIONER:

FÖR DEN vispade jordgubbsganachen:
- 175 g jordgubbsinspirationchoklad
- 350 g tjock grädde

FÖR CRAQUELIN TOPPING:
- 42 g osaltat smör, i rumstemperatur
- 50 g ljust farinsocker
- 50 g universalmjöl

FÖR CHOUX-BAKET:
- 75 g vatten
- 75 g mjölk
- 70 g osaltat smör, i tärningar
- 1 tsk strösocker
- ½ tsk kosher salt
- 100g universalmjöl, siktat
- 150g ägg (ca 3 stora), i rumstemperatur och lätt vispade för att kombineras

FÖR MANGOKRÄMEN:
- 50g frystorkad mango
- 50 g strösocker
- 78 g färskost, kall och tärnad
- Nypa koshersalt
- 300 g tjock grädde, kall

ATT AVSLUTA:
- Strössel, frystorkade fruktbitar, färsk fruktskivor (valfritt)

INSTRUKTIONER:
FÖR DEN vispade jordgubbsganachen:
a) Finhacka jordgubbsinspirationschokladen och lägg den i en värmesäker skål.
b) I en liten kastrull på medelvärme, värm grädden tills den ångar. Ta av från värmen och häll den över den hackade chokladen.
c) Låt stå i 1 minut och vispa sedan försiktigt tills det blandas. Kyl till rumstemperatur, tryck ett ark plastfolie mot ytan och ställ i kylen tills det är helt kylt, minst 4 timmar och upp till 5 dagar.

FÖR CRAQUELIN TOPPING:
d) I en liten skål, vispa det mjukade smöret och farinsockret tills det är slätt.
e) Tillsätt mjölet och blanda tills en deg bildas. Skrapa ut degen på en bit bakplåtspapper.
f) Lägg ytterligare en bit bakplåtspapper ovanpå och rulla degen till ca 1/16" tjocklek. Frys in den medan du förbereder chouxen. (Craquelin kan göras upp till 1 månad i förväg; frys in, väl inslagen, tills den ska användas - inget behov av att tina.)

FÖR CHOUX-BAKET:
g) Värm ugnen till 425°F med ett galler i mitten och klä en stor plåt med bakplåtspapper.
h) Blanda vatten, mjölk, smör, socker och salt i en medelstor kastrull. Låt sjuda kraftigt på medelvärme, rör om då och då.
i) Så snart blandningen sjuder, ta bort grytan från värmen och tillsätt mjölet på en gång. Rör om kraftigt med en träslev eller spatel tills mjölet är helt införlivat.
j) Sätt tillbaka grytan på låg värme och rör hela tiden, koka blandningen i 2 minuter för att torka ut den. Överför till skålen med en stativmixer utrustad med paddelfästet.
k) Blanda på medelhastighet i 1-2 minuter för att släppa ut ångan. Degen ska ha en temperatur på 170-175°F på en snabbavläsningstermometer och vara tillräckligt styv.
l) Med mixern fortfarande på låg, häll långsamt in de vispade äggen. Blanda på medelhastighet i 4 minuter tills degen klarar konsistenstestet.

FÖR MANGOKRÄMEN:

m) Blanda den frystorkade mangon och sockret i en matberedares skål. Pulsera tills mangon bryts ner till ett fint pulver.
n) Tillsätt färskosten och saltet och blanda ihop.
o) Tillsätt den kalla grädden och bearbeta tills blandningen liknar mycket tjock yoghurt.

ATT AVSLUTA:
p) Använd en ätpinne för att sticka hål i botten på varje gräddpuff.
q) Klipp av spetsen på spritspåsen med mangokrämen. Stick in spetsen i hålet och rör i mangokrämen tills puffen känns tung.
r) Sprid en virvel av vispad jordgubbsganache ovanpå. Garnera med strössel, frystorkade fruktbitar eller skivor av färsk frukt.
s) Njut omedelbart, eller kyl och njut inom 4 timmar efter montering.

21. Strawberry Cruffins

INSTRUKTIONER:
- 1 msk mjukt smör
- ½ tsk mald kanel
- 6 teskedar strösocker
- 1 förpackning croissantdeg (hitta den i den kylda delen)
- 2 msk färdig vaniljsås
- 125 g jordgubbar, skalade och mycket fint skivade
- Florsocker för att pudra

INSTRUKTIONER:

a) Smöra 6 hål i en stor muffinsform generöst och blanda sedan hälften av kanelen med sockret. En efter en, lägg en tesked kanelsocker i varje muffinshål och rulla runt för att täcka insidan. Värm ugnen till 200°C (180°C fläkt eller gasmark 6).

b) Rulla ut croissantdegen försiktigt och skär den i 3 rektanglar av deg så att du håller 2 croissanttrianglar ihopsatta till 3 rektanglar. Skär var och en på mitten på längden så att du har 6 tunnare remsor kvar.

c) Gör en cruffin i taget, pensla ett tunt lager vaniljsås över degen, lämna en tom 1 cm bred kant längs kanten närmast dig.

d) Prick över jordgubbarna ovanpå vaniljsåsen, låt några spetsar sticka ut ovanför degens överkant. Strö över en nypa mer mald kanel, rulla sedan upp croissantdegen från en av de kortare sidorna, nyp ihop degkanten för att försegla till en bas.

e) Sätt rullen, med den klämda bottensidan nedåt, i ett av muffinshålen och upprepa med resten av degen, vaniljsås och jordgubbar.

f) När alla cuffins är sammansatta, grädda i 15-20 minuter, tills de är jästa, gyllene och knapriga på toppen.

g) Tryck tillbaka croissantdegen i formarna om den jäser för mycket under tillagningen. Pudra med florsocker för servering.

22. Strawberry Yoghurt Shortcake Squares

INSTRUKTIONER:

- 2 koppar graham cracker smulor
- ½ kopp osaltat smör, smält
- 3 dl frysta jordgubbar, tinade
- ¼ kopp strösocker
- 2 dl vaniljyoghurt
- Vispad grädde, till servering

INSTRUKTIONER:

a) Kombinera grahamssmulorna och smält smör i en mixerskål. Tryck ut blandningen i botten av en 9x9-tums bakform för att bilda skorpan.
b) Mixa de tinade jordgubbarna i en mixer tills de är slät. Tillsätt sockret och blanda igen tills det är väl blandat.
c) Blanda jordgubbspurén med vaniljyoghurten i en separat skål tills den är väl blandad.
d) Häll jordgubbsyoghurtblandningen över grahamsbrödet i ugnsformen.
e) Jämna till toppen med en spatel och täck formen med plastfolie.
f) Ställ formen i frysen i minst 4 timmar eller tills den stelnar.
g) För att servera, skär den frysta mördegskakan i rutor och toppa varje ruta med en klick vispgrädde.

23. Fyllda jordgubbar

INSTRUKTIONER:
- 1-pint jordgubbar
- 4 uns färskost, mjukad
- ¼ kopp strösocker
- ½ tesked vaniljextrakt
- ¼ kopp krossade grahams kex

INSTRUKTIONER:
a) Tvätta jordgubbarna och skär av toppen. Håla ur mitten med en liten kniv eller jordgubbsskalare.
b) Blanda färskost, strösocker och vaniljextrakt i en skål tills det är slätt.
c) Fyll varje jordgubbe med färskostblandningen.
d) Doppa den fyllda änden av jordgubben i krossade grahamsbröd.
e) Kyl i 30 minuter innan servering.

24. Nutella fyllda jordgubbar

INSTRUKTIONER:
- 30 skivade färska jordgubbar
- 1 (7-ounce) burk vispad grädde
- 13-ounce burk Nutella
- 30 färska blåbär
- 1 (14,4 ounce) förpackning med mini graham kex

INSTRUKTIONER:
a) Skär först den nedre delen av varje jordgubbe och skapa ett hål i var och en av dem från toppen.
b) Lägg nu vispad grädde och hasselnötsspridning i detta hål och toppa detta med ett blåbär.
c) Täck med en grahamsbröd innan servering.

25. Chokladdoppade jordgubbar

INSTRUKTIONER:

- Färska jordgubbar, tvättade och torkade
- 1 paket CandiQuik (godisöverdrag med vaniljsmak)
- Valfritt: Vit chokladchips, mörk chokladchips eller annat pålägg för dekoration

INSTRUKTIONER:

a) Klä en plåt med bakplåtspapper.
b) Bryt CandiQuik i bitar och lägg den i en värmesäker skål. Smält CandiQuik enligt anvisningarna på förpackningen. Vanligtvis innebär detta mikrovågsugn i 30 sekunders intervall tills den är helt smält.
c) Håll varje jordgubbe i stjälken eller använd tandpetare för att doppa jordgubbarna i den smälta CandiQuik, täck dem ungefär två tredjedelar av vägen.
d) Låt eventuell överflödig CandiQuik- beläggning droppa av och lägg sedan de chokladtäckta jordgubbarna på den bakplåtspapperskläada plåten.
e) Valfritt: Medan CandiQuik- beläggningen fortfarande är våt kan du ringla smält vit choklad, mörk choklad eller andra pålägg över de chokladtäckta jordgubbarna för extra dekoration.
f) Låt CandiQuik -beläggningen härda helt.
g) När de har satts är dina chokladtäckta jordgubbar redo att avnjutas!

26. Röda, vita och blåa jordgubbar

INSTRUKTIONER:
- Färska jordgubbar, tvättade och torkade
- 1 paket CandiQuik (godisöverdrag med vaniljsmak)
- Blått godis smälter
- Vitt godis smälter
- Valfritt: Rött, vitt och blått strössel eller ätbart glitter för dekoration

INSTRUKTIONER:
a) Klä en plåt med bakplåtspapper.
b) Bryt CandiQuik i bitar och lägg den i en värmesäker skål. Smält CandiQuik enligt anvisningarna på förpackningen. Vanligtvis innebär detta mikrovågsugn i 30 sekunders intervall tills den är helt smält.
c) Dela upp jordgubbarna i tre grupper.
d) Doppa en grupp jordgubbar i den smälta CandiQuik tills den är helt täckt. Lägg dem på den bakplåtspappersklädda plåten.
e) Doppa en annan grupp jordgubbar i smält blå godis tills de är helt täckta. Lägg dem bredvid de vitdragna jordgubbarna på plåten.
f) Doppa den återstående gruppen av jordgubbar i smält vitt godis tills det är helt täckt. Lägg dem bredvid de blååverdragna jordgubbarna på plåten.
g) Valfritt: Medan godisbeläggningen fortfarande är våt, strö rött, vitt och blått strössel eller ätbart glitter över toppen av varje belagd jordgubbe för en festlig touch.
h) Låt godisbeläggningen stelna och stelna helt.
i) När de har satts är dina röda, vita och blåa jordgubbar redo att avnjutas!

27. Cinco De Mayo Jordgubbar

INSTRUKTIONER:

- Färska jordgubbar, tvättade och torkade
- 1 paket CandiQuik (godisöverdrag med vaniljsmak)
- Grönfärgat socker eller grönt strössel
- Vitt eller guldfärgat socker eller strössel
- Valfritt: Limeskal till garnering

INSTRUKTIONER:

a) Klä en plåt med bakplåtspapper.
b) Bryt CandiQuik i bitar och lägg den i en värmesäker skål. Smält CandiQuik enligt anvisningarna på förpackningen. Vanligtvis innebär detta mikrovågsugn i 30 sekunders intervall tills den är helt smält.
c) Håll varje jordgubbe i stjälken eller använd tandpetare för att doppa jordgubbarna i den smälta CandiQuik, täck dem ungefär två tredjedelar av vägen.
d) Låt eventuell överflödig CandiQuik- beläggning droppa av och lägg sedan de belagda jordgubbarna på den bakplåtsppappersklädda plåten.
e) Medan CandiQuik- beläggningen fortfarande är våt, strö grönfärgat socker eller grönt strössel på en tredjedel av de belagda jordgubbarna. Detta representerar den gröna färgen på den mexikanska flaggan.
f) Strö vitt eller guldfärgat socker eller strö på ytterligare en tredjedel av de belagda jordgubbarna. Detta representerar den vita färgen på den mexikanska flaggan.
g) Lämna den återstående tredjedelen av de belagda jordgubbarna utan ytterligare strössel för den röda färgen på den mexikanska flaggan.
h) Valfritt: Skala lime över jordgubbarna för en skur av citrussmak och tillsatt garnering.
i) Låt CandiQuik -beläggningen härda helt.
j) När de har satts är dina Cinco de Mayo jordgubbar redo att avnjutas!

28. Jordgubbstomtehattar

INSTRUKTIONER:
- CandiQuik (vit chokladöverdrag)
- Färska jordgubbar
- Miniatyrmarshmallows

INSTRUKTIONER:
a) Smält vit choklad CandiQuik enligt anvisningarna på förpackningen.
b) Doppa den spetsiga änden av en jordgubbe i den smälta CandiQuik.
c) Placera en miniatyrmarshmallow ovanpå den belagda jordgubben för att forma tomteluvans pom-pom.
d) Låt CandiQuik stelna innan servering.

29. Jordgubbs chiffongrutor

INSTRUKTIONER:
FÖR SKORPA:
- 1½ koppar Graham wafer smulor
- ⅓ kopp Margarin, smält

FÖR FYLLNING:
- ¾ kopp kokande vatten
- 1 förpackning Strawberry Jello
- 1 kopp Eagle Brand mjölk (sötad kondenserad mjölk)
- ⅓ kopp citronsaft
- 1 förpackning frysta skivade jordgubbar
- 3 koppar miniatyrmarshmallows
- ½ pint Vispgrädde, vispad

INSTRUKTIONER:
FÖR SKORPA:
a) Kombinera grahamsrånsmulor och smält margarin.
b) Klappa blandningen på botten av en 9 x 13-tums panna.

FÖR FYLLNING:
c) Lös upp jordgubbsjellon i kokande vatten i en stor skål.
d) Rör ner sötad kondenserad mjölk, citronsaft, frysta skivade jordgubbar och marshmallows.
e) Vänd ner den vispade grädden.
f) Häll blandningen över smulskorpan.
g) Kyl tills den stelnat, cirka 2 timmar.

30. S'Mores fyllda jordgubbar

INSTRUKTIONER:
- Färska jordgubbar
- Chokladbitar
- Mini marshmallows
- Krossade grahams kex

INSTRUKTIONER:
a) Håla ur jordgubbar.
b) Fyll varje jordgubbe med chokladchips och minimarshmallows.
c) Strö krossade grahams kex på toppen.
d) Kyl ner innan du serverar dessa lagom stora S'Mores- läckerheter.

31.Strawberry Cheesecake Churros

INSTRUKTIONER:
- 1 kopp vatten
- 2 matskedar socker
- ½ tsk salt
- 2 matskedar vegetabilisk olja
- 1 kopp universalmjöl
- Vegetabilisk olja för stekning
- ¼ kopp socker (för överdrag)
- 1 tsk mald kanel (för överdrag)
- Jordgubbscheesecakefyllning (beredd eller köpt i butik)

INSTRUKTIONER:
a) I en kastrull, kombinera vatten, socker, salt och vegetabilisk olja. Låt blandningen koka upp.
b) Ta kastrullen från värmen och tillsätt mjölet. Rör om tills blandningen bildar en degboll.
c) Värm vegetabilisk olja i en djup stekpanna eller kastrull på medelvärme.
d) Lägg över degen i en spritspåse med stjärnspets.
e) Sprid in degen i den heta oljan, skär den i 4-6 tums längder med en kniv eller sax.
f) Stek tills de är gyllenbruna på alla sidor, vänd då och då.
g) Ta bort churros från oljan och låt rinna av på hushållspapper.
h) I en separat skål, kombinera socker och kanel. Rulla churros i kanelsockerblandningen tills de är täckta.
i) Använd en spruta eller konditoripåse och fyll churros med jordgubbscheesecakefyllning.
j) Servera strawberry cheesecake churros varma.

32.Jordgubbsgräddost Enchiladas

INSTRUKTIONER:
- 10 mjöltortillas
- 1 paket (8 uns) färskost, mjukad
- ¼ kopp strösocker
- 2 dl färska jordgubbar, skivade
- ¼ kopp osaltat smör, smält
- ½ kopp strösocker
- ½ tsk mald kanel
- Vispad grädde, till servering

INSTRUKTIONER:
a) Värm ugnen till 350°F.
b) I en medelstor skål, vispa ihop färskost och ¼ kopp socker tills det är slätt.
c) Lägg en tortilla på en plan yta och fördela cirka 1 ½ msk av färskostblandningen i mitten.
d) Lägg några skivor jordgubbar ovanpå färskostblandningen.
e) Rulla ihop tortillan hårt och lägg den med sömmen nedåt i en 9x13-tums ugnsform.
f) Upprepa med de återstående tortillorna, färskostblandningen och jordgubbarna.
g) Blanda det smälta smöret, ½ kopp socker och kanel i en liten skål.
h) Häll smörblandningen över enchiladorna.
i) Grädda i 20-25 minuter, eller tills enchiladorna är gyllenbruna och krispiga. Servera med vispad grädde.

33. Godiva Strawberry Banana Kabobs

INSTRUKTIONER:

- 1 kopp mörk chokladchips
- 4-5 färska hela jordgubbar
- 2 bananer

INSTRUKTIONER:

a) Skiva jordgubbarna i 3-4 bitar.
b) Skär bananerna i 1-tums bitar.
c) Trä upp jordgubbarna och bananbitarna växelvis på träspetten.
d) Lägg spetten på en plåt med bakplåtspapper.
e) Tillsätt de mörka chokladbitarna i en mikrovågssäker skål. Mikrovågsugn i 30 sekunder, rör om och mikrovågsugn i ytterligare 15 sekunder. Fortsätt att röra tills chokladen är slät. Mikrovågsugn i ytterligare 15 sekunder om det behövs.
f) Ringla den smälta chokladen fram och tillbaka över varje spett.
g) Låt chokladen svalna och stelna tills den stelnar.
h) Njut av dina dekadenta Godiva Strawberry Banana Kabobs!

34.Blandade fruktvårrullar med jordgubbssås

INSTRUKTIONER:
FÖR FRUKTVÅRRULLAR:
- 1 dl jordgubbar, skivade i fjärdedelar
- 2 kiwi, skurna i skivor
- 2 apelsiner, skurna i skivor
- 1 mango, skuren i strimlor
- 2 persikor, skurna i strimlor
- ½ kopp körsbär, urkärnade och skurna i halvor
- ½ kopp blåbär
- ½ kopp hallon
- 1 stjärnig frukt
- 8 ark vietnamesiskt rispapper
- Färska myntablad

FÖR JORDGubbsdippsåsen:
- 2 dl jordgubbar
- 1 passionsfrukt

FÖR CHOKLADSÅSEN:
- 1 dl mörk choklad, smält

INSTRUKTIONER:
FÖRBEREDELSER AV FRUKTVÅRRULLAR:
a) Skär alla frukter i små bitar. Om så önskas, använd en stjärnformad fräs för mangon.
b) Fyll en grund skål med vatten och doppa de vietnamesiska rispappersarken i vattnet, se till att de blir lagom blöta på båda sidor. Var försiktig så att du inte blötlägger dem för länge, eftersom de kan bli för mjuka.
c) När du har blötlagt rispapperen, lägg en del av de förberedda frukterna på varje rispappersark.
d) Placera dem i mitten och rulla sedan ihop dem som en burrito, vik in de två sidoflikarna allt eftersom.

ATT GÖRA JORDGÄBSDIPPSÅSEN:
e) Kombinera jordgubbarna och fruktköttet av passionsfrukten i en mixer.
f) Mixa tills det är slätt. Det här blir din jordgubbsdippsås.

SERVERING:
g) Servera fruktvårrullarna med jordgubbsdipsåsen. Du kan också erbjuda smält mörk choklad som ett alternativt doppningsalternativ.
h) Njut av dina uppfriskande och hälsosamma fruktvårrullar under varma sommardagar!

35.Vårrullar Med Strawberry Lemonad Dip

INSTRUKTIONER:
VÅRRULLAR:
- Varmvatten
- 8 rispappersomslag
- 1 kiwi, skivad
- ¼ kopp jordgubbar (40 g), skivade
- ½ mango, skivad
- ¼ kopp hallon (30 g)
- ½ grönt äpple, skivat

JORDGubbsLEMONADIPP:
- ½ kopp grekisk vaniljyoghurt (120 g)
- ½ kopp jordgubbar (75 g), skivade
- 3 kvistar färska myntablad
- 1 matsked honung
- 1 msk citronsaft
- ¼ matsked citronskal, plus mer till garnering

INSTRUKTIONER:
GÖR JORDGubbsLEMONADIPPET:
a) Tillsätt grekisk yoghurt, skivade jordgubbar, färska myntablad, honung, citronsaft och citronskal i en mixer.
b) Mixa tills det är slätt.
c) Överför dippen till en liten skål och garnera med mer citronskal.
d) Kyl dippen i kylen medan du sätter ihop rullarna.

SÄTTA SAMMAN VÄRRRULLAR:
e) Fyll en medium grund skål med varmt vatten och placera den nära din arbetsstation.
f) Doppa ett rispappersomslag i det varma vattnet i några sekunder och sänk det helt.
g) Ta bort det blötlagda rispappret och lägg det plant på en slät, ren yta, till exempel en tallrik.
h) Lägg till önskad kombination av skivad kiwi, skivade jordgubbar, skivad mango, hallon och skivat grönt äpple i mitten av omslaget. Var noga med att inte överfylla för att göra rullningen lättare.
i) Arbeta snabbt, innan rispappret torkar ut, vik båda sidorna av rispappret över frukten för att säkra det.
j) Lyft upp rispapprets underkant och vik försiktigt över fruktens ovansida, stoppa in den under på andra sidan.
k) Rulla försiktigt tills frukten är helt täckt och den övre kanten av omslaget fäster vid vårrullen.
l) Upprepa rullningsprocessen med de återstående ingredienserna.
m) Lägg varje vårrulle åt sidan och täck den med en fuktig pappershandduk för att hålla den fräsch medan du upprepar med de återstående ingredienserna.

TJÄNA:
n) Servera fruktvårrullarna med den kylda jordgubbslemonaddippen.
o) Njut av denna uppfriskande och hälsosamma aptitretare!

36.Jordgubbsfrysta yoghurtrån

INSTRUKTIONER:
EXTRA tjocka glassskivor
- 1 kopp universalmjöl
- ½ kopp strösocker
- ¼ kopp osaltat smör, smält
- ¼ kopp mjölk
- ½ tesked vaniljextrakt
- En nypa salt
- Matlagningsspray eller extra smält smör (för att smörja våffeljärnet)

FYLLNING
- 250 g jordgubbar, skalade, plus ytterligare 125 g jordgubbar, skalade och finhackade
- ½ kopp (110 g) strösocker
- 500 g ekologisk yoghurt i grekisk stil
- ½ kopp (125 ml) ren (tunn) grädde

INSTRUKTIONER:
EXTRA tjocka glassskivor
a) Förvärm ditt våffeljärn enligt tillverkarens instruktioner.
b) Kombinera allsidigt mjöl, strösocker och en nypa salt i en mixerskål.
c) Smält det osaltade smöret i en separat mikrovågssäker skål.
d) Tillsätt det smälta smöret, mjölken och vaniljextraktet till de torra ingredienserna. Mixa tills du har en slät smet. Den ska vara tjock men hållbar.
e) Smörj ditt våffeljärn lätt med matlagningsspray eller smält smör.
f) Häll tillräckligt med smet på det förvärmda våffeljärnet för att täcka cirka ⅔ av våffelgallret. Mängden smet som behövs beror på storleken på ditt våffeljärn.
g) Stäng våffeljärnet och koka enligt tillverkarens anvisningar tills rånen är gyllenbruna och krispiga. Detta tar vanligtvis cirka 2-4 minuter.
h) Ta försiktigt bort wafers från våffeljärnet med en gaffel eller spatel. De ska vara följsamma när de är varma men blir knapriga när de svalnar.
i) Lägg de varma rånen på ett galler för att svalna helt. När de svalnar blir de extra tjocka glassrån.

FÖRBEREDELSER JORDGubbsyoghurtblandningen:
a) Börja med att lägga 250 g skalade jordgubbar och strösocker i en matberedare. Bearbeta tills blandningen blir slät.
b) Tillsätt den ekologiska yoghurten i grekisk stil till jordgubbsblandningen i matberedaren. Bearbeta igen tills allt är väl blandat.
c) Häll jordgubbsyoghurtblandningen i en stor, grund plastbehållare. Täck den med lock eller folie och ställ den i frysen.
d) Låt den frysa i cirka 3 timmar eller tills den blivit fast.

FÖRBEREDAR YOGHURTFYLLNING:
e) Smörj en 20 cm x 30 cm lamingtonpanna med en lätt skvätt vegetabilisk oljespray. Klä botten och två långsidor av formen med en plåt bakplåtspapper, putsa den så att den passar.
f) Använd elvisp och vispa den rena (tunna) grädden i en stor skål tills mjuka toppar bildas.

g) Ta fram jordgubbsyoghurtblandningen från frysen. Hacka den grovt och bearbeta den sedan i en matberedare tills den blir slät.
h) Vänd ner den bearbetade jordgubbsyoghurtblandningen i den vispade grädden. Rör ner de extra hackade jordgubbarna för att skapa en härlig fyllning.
i) Fördela yoghurt- och jordgubbsblandningen jämnt över botten av den förberedda lamingtonpannan.
j) Täck pannan med plastfolie och sätt tillbaka den i frysen. Låt den frysa i ca 4 timmar eller tills den blivit fast.

SAMMANSTÄLLNING AV JORDGubbsfrysta YOGHURTRÅN:

k) Vänd den frysta jordgubbsyoghurtskivan på en skärbräda. Ta bort bakplåtspappret och klipp till kanterna för att skapa en snygg rektangel.
l) Använd en av de extra tjocka glassråna som vägledning för storlek. Skär den frysta yoghurtskivan i 12 bitar med matchande mått.
m) Smörgå varje bit fryst jordgubbsyoghurt mellan två extra tjocka glassrån för att skapa läckra jordgubbsfrysta yoghurtrån.
n) Servera omedelbart och njut av dina hemgjorda jordgubbsfrysta yoghurtrån, en förtjusande och uppfriskande behandling!

37. Strawberry Tuiles

INSTRUKTIONER:

- 100 gram mald mandel
- 25 gram vanligt mjöl
- 70 gram strösocker
- 15 gram krossade torkade jordgubbar
- 25 gram smör, smält och kylt
- 1 stor äggvita, lätt vispad

INSTRUKTIONER:

a) I en mixerskål, kombinera mald mandel, vanligt mjöl, strösocker och krossade torkade jordgubbar. Rör ihop dem tills de är väl blandade.

b) Tillsätt det smälta och avsvalnade smöret tillsammans med den lättvispade äggvitan till de torra ingredienserna. Rör om tills blandningen bildar en smidig och sammanhållen deg.

c) Täck degen och ställ i kylen i 30 minuter. Detta kylningssteg hjälper degen att stelna och bli lättare att arbeta med.

d) Värm ugnen till 160°C (325°F) eller Gas Mark 3. Smöra tre bakplåtar och lägg dem åt sidan.

e) Ta upp den kylda degen och häll ut 20 portioner på de förberedda bakplåtarna. Varje del ska plattas till en cirkel, cirka 3 tum i diameter och cirka 1/16 tum tjock. Se till att det finns tillräckligt med utrymme mellan varje tuile, eftersom de sprider sig under gräddningen.

f) Grädda tuilerna i den förvärmda ugnen i cirka 8 minuter eller tills de fått en vacker gyllene färg. Håll ett öga på dem då de snabbt kan gå från perfekt gyllene till överdrivna.

g) Medan tuilerna fortfarande är varma, använd försiktigt en palettkniv för att ta bort var och en från bakplåtarna. Tryck genast försiktigt varje tuile över en kavel för att skapa en delikat lockform. Var försiktig eftersom tuiterna kommer att vara ömtåliga medan de är varma.

h) Låt jordgubbstailarna svalna och stelna i sina krullade former. När de har svalnat helt och stelnat tar du försiktigt bort dem från kaveln.

i) Förvara din Strawberry Tuiles i en lufttät behållare för att bibehålla deras krispighet och smak.

38. Lunchbox Strawberry Yoghurt Dip

INSTRUKTIONER:

- 1 dl grekisk yoghurt
- ½ kopp mosade jordgubbar
- 1 msk honung eller lönnsirap
- ½ tesked vaniljextrakt

INSTRUKTIONER:

a) I en skål, kombinera den grekiska yoghurten, mosade jordgubbar, honung eller lönnsirap och vaniljextrakt.
b) Blanda väl tills det är slätt och väl kombinerat.
c) Packa den friska jordgubbsyoghurtdippen i en liten behållare tillsammans med färsk frukt eller fullkornskex för doppning.

39.Jordgubbe Tempura

INSTRUKTIONER:
- 1 dl jordgubbar, skalade
- 1 kopp universalmjöl
- ¼ kopp majsstärkelse
- ¼ tesked bakpulver
- ¼ tesked salt
- 1 dl iskallt vatten
- Vegetabilisk olja för stekning
- Pulversocker för att pudra

INSTRUKTIONER:
a) I en skål, kombinera mjöl, majsstärkelse, bakpulver och salt.
b) Tillsätt gradvis det iskalla vattnet till de torra ingredienserna, vispa tills smeten är slät med klumpar.
c) Värm vegetabilisk olja i en fritös eller stor gryta till 180°C (360°F).
d) Doppa varje jordgubb i smeten och se till att den är helt täckt.
e) Lägg försiktigt de smetade jordgubbarna i den heta oljan och stek tills de är gyllenbruna, vänd dem en gång för jämn tillagning.
f) Använd en hålslev för att ta bort de stekta jordgubbarna från oljan och överför dem till en tallrik med hushållspapper för att rinna av överflödig olja.
g) Pudra de stekta jordgubbarna med strösocker.
h) Servera jordgubbstempuran som en härlig och unik godbit.

40.Strawberry Cheesecake Nachos

INSTRUKTIONER:
- 1 paket kanelsocker tortillachips
- 1 pint jordgubbar, tärnade
- 8 uns färskost, mjukad
- ½ kopp strösocker
- 1 tsk vaniljextrakt
- Vispgrädde

INSTRUKTIONER:
a) Blanda färskost, strösocker och vaniljextrakt i en skål tills det är slätt.
b) Lägg upp tortillachipsen på ett fat och toppa med de tärnade jordgubbarna och klickarna av färskostblandningen.
c) Ringla över vispad grädde.

HUVUDRÄTT

41.Pepperoni Och Spenat Jordgubbssallad

INSTRUKTIONER:
- 4 dl babyspenat
- ½ kopp tärnad pepperoni
- 1 dl färska jordgubbar, skivade
- ¼ kopp skivad mandel
- Fetaost smulas sönder
- Balsamvinägrettdressing

INSTRUKTIONER:
a) I en stor skål, kombinera babyspenat, tärnad pepperoni, skivade jordgubbar, skivad mandel och fetaostsmulor.
b) Ringla över balsamvinägrettdressing och blanda försiktigt för att kombinera.

42.Rosa festsallad

INSTRUKTIONER:
- 1 burk (Nr 2) krossad ananas
- 24 stora Marshmallows
- 1 förpackning Strawberry Jello
- 1 kopp Vispgrädde
- 2 koppar Liten ostmassa keso
- ½ kopp Nötter; hackad

INSTRUKTIONER:
a) Värm juice från ananas med marshmallows och Jello . Häftigt.
b) Blanda vispad grädde, ananas, keso och nötter. Tillsätt den första blandningen och vänd ihop.
c) Kyl över natten.

43. Kiwi Strawberry Mint Frukt Sushi Bowl

INSTRUKTIONER:
- 1 kopp sushi ris, kokt
- 2 kiwi, skivade
- 1 dl jordgubbar, skivade
- Färska myntablad
- 2 matskedar honung
- ¼ kopp skivad mandel

INSTRUKTIONER:
a) Lägg det kokta sushiriset i en skål.
b) Lägg kiwi och jordgubbsskivor ovanpå.
c) Garnera med färska myntablad.
d) Ringla honung över skålen.
e) Strö över skivad mandel för extra crunch.
f) Servera och njut av de uppfriskande smakerna.

44.Jordgubbsbasilika Prosciutto grillad ost

INSTRUKTIONER:

- 12 uns färsk mozzarella, skivad
- 8 skivor vitt bröd, skurna tjocka
- 2 msk mjukat smör
- 8 färska jordgubbar (medelstora till stora), tunna skivor
- 12 färska basilikablad, hela
- 8 skivor prosciutto, tunt skuren
- 2 uns balsamicoglasyr

INSTRUKTIONER:

a) Lägg ut brödskivor och smör på ena sidan av varje.
b) På den osmörda sidan, lägg färsk mozzarella, jordgubbar, basilikablad och parmaskinka i varv.
c) Ringla över balsamicoglasyr; lägg resterande bröd ovanpå och överför till en förvärmd nonstick-panna.
d) Koka i cirka en minut, tryck ner med en spatel. Vänd och upprepa tills den är gyllenbrun.
e) Ta bort, ringla över en extra balsamicoglasyr över toppen om så önskas, skär och servera.

45. Rostat bröd med jordgubbar och färskost

INSTRUKTIONER:
- 8 medeltjocka skivor mjukt, sött vitt bröd, som challah eller brioche
- 8-12 matskedar (ca 8 uns) färskost (lågt fett är bra)
- Cirka ½ kopp jordgubbskonserver
- 1 kopp (ca 10 uns) skivade jordgubbar
- 2 stora ägg, lätt vispade
- 1 äggula
- Cirka ½ kopp mjölk (lågt fett är bra)
- En skvätt vaniljextrakt
- Socker
- 2-4 matskedar osaltat smör
- ½ tsk färsk citronsaft
- ½ kopp gräddfil
- Flera kvistar färsk mynta, tunt skivad

INSTRUKTIONER:
a) Bred ut 4 skivor av brödet tjockt med färskosten, avsmalnande lite mot sidorna så att färskosten inte sipprar ut i tillagningen, bred sedan ut de övriga 4 brödskivorna med sylten.
b) Strö ett lätt lager jordgubbar över toppen av färskosten.
c) Toppa varje bit ostbröd med en konserverad brödbit. Tryck försiktigt men bestämt för att täta.
d) I en grund skål, kombinera ägg, äggula, mjölk, vaniljextrakt och cirka 1 matsked socker.
e) Värm en tung nonstick-panna över medelhög värme. Tillsätt smöret. Doppa varje smörgås, 1 åt gången, i skålen med mjölk och ägg. Låt det dra i ett eller två ögonblick, vänd sedan på det och upprepa.
f) Lägg smörgåsarna i den heta pannan med det smälta smöret och låt dem koka till en gyllenbrun färg. Vänd och bryn den andra sidan lätt.
g) Blanda under tiden de återstående jordgubbarna med socker efter smak och citronsaft.
h) Servera varje smörgås så fort den är klar, garnerad med en sked eller 2 av jordgubbarna och en klick gräddfil.
i) Strö dem med lite av myntan också.

46.Sparris Och Jordgubbssallad

INSTRUKTIONER:
- 1 knippe sparris
- 2 dl färska jordgubbar, skalade och skivade
- 4 koppar blandad grönsallad
- 1/4 kopp skivad mandel
- 1/4 kopp smulad getost
- Balsamvinägrettdressing

INSTRUKTIONER:
a) Putsa de sega ändarna av sparrisen och blanchera dem i kokande vatten i 2 minuter. Häll av och ställ åt sidan.
b) I en stor skål, kombinera de blandade salladsgrönsakerna, blancherad sparris, skivade jordgubbar, skivad mandel och smulad getost.
c) Ringla över balsamvinägrettdressing och blanda försiktigt för att kombinera.
d) Servera sparris- och jordgubbssalladen som ett levande och smakrikt salladsalternativ.

47.Jordgubbar Och Spenat Ravioli Sallad

INSTRUKTIONER:

- 1 paket jordgubbs- och spenatravioli
- 2 dl färska spenatblad
- 1 dl jordgubbar, skivade
- ¼ kopp skivad mandel
- 2 msk balsamicoglasyr
- 2 matskedar extra virgin olivolja
- Salta och peppra efter smak

INSTRUKTIONER:

a) Koka jordgubbs- och spenatraviolin enligt anvisningarna på förpackningen. Häll av och låt svalna.
b) I en stor skål, kombinera den kokta raviolin, färska spenatblad, skivade jordgubbar och skivad mandel.
c) Ringla över balsamicoglasyr och extra virgin olivolja.
d) Krydda med salt och peppar och blanda försiktigt för att kombinera.
e) Servera jordgubbs- och spenatraviolisallad kyld.

EFTERRÄTT

48. Strawberry Mirror Glaze Macarons

INSTRUKTIONER:
FÖR MACARONSKELEN:
- 1 dl mandelmjöl
- 1 kopp strösocker
- 2 stora äggvitor, i rumstemperatur
- ¼ kopp strösocker
- Skal av 1 citron (för extra smak)
- Rosa eller röd gelmatfärgning (valfritt)

FÖR JORDGubbsfyllningen:
- ½ kopp färska jordgubbar, mosade och silade
- ¼ kopp strösocker
- 2 msk osaltat smör
- ½ tesked citronsaft (valfritt, för ljusstyrka)

FÖR JORDGubbsspegelglasyren:
- ½ kopp vatten
- 1 kopp strösocker
- ½ kopp lätt majssirap
- ½ kopp färsk jordgubbspuré (silad)
- 2 matskedar gelatinpulver
- Rosa eller röd gelmatfärgning (valfritt)

INSTRUKTIONER:
ATT GÖRA MACARONSKELEN:
a) Klä två plåtar med bakplåtspapper eller bakmattor av silikon.
b) Blanda mandelmjöl och strösocker i en matberedare. Pulsera tills den är väl blandad och fin i konsistensen. Överför till en stor blandningsskål.
c) Vispa äggvitorna i en annan bunke tills de blir skummande. Tillsätt strösockret gradvis medan du fortsätter att vispa. Vispa tills det bildas styva toppar. Tillsätt eventuellt några droppar rosa eller röd gelmatfärgning och citronskal och blanda tills det är jämnt fördelat.
d) Vänd försiktigt ner mandelmjölsblandningen i äggviteblandningen med hjälp av en spatel. Vik tills smeten är slät och bildar en bandliknande konsistens. Var noga med att inte övermixa.
e) Lägg över macaronsmeten i en spritspåse försedd med en rund spets.
f) Spruta små rundlar (ca 1 tum i diameter) på de förberedda bakplåtarna, lämna utrymme mellan varje. Knacka bakplåtarna på bänken för att frigöra eventuella luftbubblor.
g) Låt macaronsen stå i rumstemperatur i cirka 30 minuter tills ett skal bildas på ytan. Detta steg är avgörande för ett smidigt skal.
h) Medan macaronsna vilar, förvärm ugnen till 300°F (150°C).
i) Grädda macarons i 15 minuter, rotera bakplåtarna halvvägs.
j) Ta ut macaronsen ur ugnen och låt dem svalna på plåtarna i några minuter innan du lägger över dem på ett galler för att svalna helt.

ATT GÖRA JORDGubbsfyllningen:
k) Blanda färsk jordgubbspuré och strösocker i en kastrull. Värm på medelvärme, rör hela tiden tills blandningen tjocknar, ca 5-7 minuter.
l) Ta kastrullen från värmen och vispa i osaltat smör och citronsaft (om du använder) tills det är helt inkorporerat.
m) Överför jordgubbsfyllningen till en skål, täck den med plastfolie (vidrör ytan direkt för att förhindra att ett skal bildas) och ställ i kylen tills det är kallt och stelnat, cirka 1 timme.

SAMMANSTÄLLNING AV MACARONS:
n) Matcha macaronskalen till par av liknande storlek.

o) Fyll en spritspåse med jordgubbsfyllningen och sprid en liten mängd på ett macaronskal från varje par.
p) Tryck försiktigt på det andra skalet ovanpå för att skapa en smörgås. Upprepa med resterande macarons.

TILLVERKAR JORDGubbsspegelglasyr:

q) I en liten skål, kombinera gelatinpulver med 2 matskedar kallt vatten. Låt den blomma i några minuter.
r) I en kastrull, kombinera vatten, strösocker, majssirap och jordgubbspuré. Koka upp på medelvärme, rör hela tiden tills sockret har löst sig.
s) Ta bort blandningen från värmen och tillsätt det blommade gelatinet, rör om för att kombinera.
t) Om så önskas, tillsätt några droppar rosa eller röd gelmatfärg för en livlig jordgubbsfärg.

GLASERA MACARONS:

u) Placera ett galler över en bakplåt för att fånga upp eventuell överflödig glasyr.
v) Håll varje macaron i toppen och doppa försiktigt botten i jordgubbsspegelglasyren. Låt överflödig glasyr droppa av.
w) Lägg de glaserade macaronsna på gallret för att stelna i cirka 30 minuter tills glasyren är fast.
x) Förvara jordgubbsspegelglasyrmacaronsen i en lufttät behållare i kylen i upp till tre dagar. Njut av dessa härliga jordgubbsgodis!

49. Strawberry Lamingtons

INSTRUKTIONER:
- 8 ägg, separerade
- 2 äggulor
- 190 g strösocker
- 80 g vanligt mjöl
- 40 g majsmjöl
- 40 g smör, smält och kylt
- 5 ml (1 tsk) vaniljextrakt
- 100 g torkad kokos

JORDGubbsglasyr:
- 30 g osaltat smör
- 4 matskedar jordgubbsgelékristaller
- 300 g (2 dl) florsocker, siktat

INSTRUKTIONER:
a) Värm ugnen till 180°C. Smörj och klä en 30 x 18 cm lamingtonpanna.
b) I en skål, kombinera 10 äggulor och 90 g strösocker. Vispa tills blandningen är blek och överför sedan till en stor skål.
c) Sikta mjölet och majsmjölet tillsammans och vänd sedan ner det i äggulablandningen.
d) Vänd ner det smälta smöret och vaniljextraktet.
e) Vispa äggvitorna med resterande strösocker och vaniljextrakt i en annan skål tills det bildas styva toppar.
f) Vänd försiktigt ner hälften av den vispade äggvitan i äggulablandningen och vänd sedan i resten av äggvitan.
g) Fördela smeten jämnt i den förberedda formen och grädda i 15 minuter. Ta ut ur ugnen och täck med en kökshandduk.
h) För att göra glasyren, lägg det osaltade smöret och jordgubbsgelékristallerna i en skål. Häll över 250 ml kokande vatten och rör om tills smöret lösts upp.
i) Sikta i florsockret och vispa till en slät smet. Låt glasyren svalna något.
j) Skär svampen i 12 rutor. Doppa varje ruta i glasyren och rulla sedan i torkad kokos tills den är jämn belagd.

50.Jordgubbssufflé

INSTRUKTIONER:
- 18 uns färska jordgubbar, skalade och mosade
- ⅓ kopp rå honung
- 5 ekologiska äggvitor
- 4 tsk färsk citronsaft

INSTRUKTIONER:
a) Värm din ugn till 350ºF.
b) I en skål, kombinera jordgubbspurén, 3 matskedar honung, 2 proteiner och citronsaften och pulsera tills det är fluffigt och ljust.
c) I en annan skål, tillsätt de återstående proteinerna och vispa tills det är fluffigt.
d) Blanda i resterande honung .
e) Rör försiktigt ner proteinerna i jordgubbsblandningen.
f) För över blandningen jämnt i 6 ramekins och på en plåt.
g) Koka i ca 10-12 minuter.
h) Ta ut ur ugnen och servera omedelbart.

51.Chokladdoppade jordgubbskakor

INSTRUKTIONER:
FÖR COOKIES:
- 1 kopp osaltat smör, mjukat
- 1 kopp strösocker
- 2 stora ägg
- 1 tsk vaniljextrakt
- 3 koppar universalmjöl
- ½ tsk bakpulver
- ¼ tesked salt
- ½ kopp jordgubbssylt eller sylt

FÖR CHOKLADSTRÄCKET :
- 1 paket CandiQuik (godisöverdrag med vaniljsmak)
- Färska jordgubbar, tvättade och torkade

INSTRUKTIONER:
FÖR COOKIES:
a) Värm ugnen till 350°F (175°C). Klä bakplåtar med bakplåtspapper.
b) I en stor skål, grädda ihop det mjuka smöret och sockret tills det är ljust och fluffigt.
c) Tillsätt äggen ett i taget, vispa ordentligt efter varje tillsats. Rör ner vaniljextraktet.
d) I en separat skål, vispa ihop mjöl, bakpulver och salt.
e) Tillsätt gradvis de torra ingredienserna till de våta ingredienserna, blanda tills de precis blandas.
f) Släpp rundade matskedar kakdeg på de förberedda bakplåtarna, lämna lite utrymme mellan varje.
g) Använd tummen eller baksidan av en liten sked för att göra en fördjupning i mitten av varje kaka.
h) Fyll varje fördjupning med en liten mängd jordgubbssylt eller sylt.
i) Grädda i den förvärmda ugnen i 10-12 minuter eller tills kanterna på kakorna är lätt gyllene.
j) Låt kakorna svalna på plåtarna i några minuter innan du lägger över dem på ett galler för att svalna helt.

FÖR CHOKLADTRÄCKET:
k) Smält CandiQuik enligt anvisningarna på förpackningen. Vanligtvis innebär detta mikrovågsugn i 30 sekunders intervall tills den är helt smält.
l) Doppa toppen av varje kyld jordgubbsfylld kaka i den smälta CandiQuik, täck över jordgubbssylten.
m) Lägg de doppade kakorna på en bakplåtspappersklädd plåt så att chokladen stelnar.
n) Ringla om så önskas extra smält CandiQuik över de doppade kakorna för en dekorativ touch.
o) Låt chokladöverdraget stelna helt innan servering.
p) Garnera varje chokladdoppad jordgubbskaka med en färsk jordgubbe på toppen för extra känsla.

52.Fläder Panna Cotta Med Jordgubbar

INSTRUKTIONER:

- 500ml dubbelkräm
- 450 ml helmjölk
- 10 stora fläderhuvuden, blommor plockade
- 1 vaniljstång, urskrapade frön
- 5 gelatinblad
- 85 g gyllene strösocker

FÖR CRIMBELN

- 75 g smör, plus extra för smörjning
- 75 g vanligt mjöl
- 50g gyllene strösocker
- 25 g mald mandel

ATT TJÄNA

- 250 g punnet jordgubbar, toppar putsade
- 1 msk gyllene strösocker
- några plockade fläderblommor, att dekorera

INSTRUKTIONER:

a) Lägg grädden, mjölken, blommorna, vaniljstången och fröna i en panna på svag värme. Så snart vätskan börjar sjuda, ta bort den från värmen och låt den svalna helt.

b) Under tiden, för smula, häll smöret i en liten panna och värm försiktigt tills det har blivit djupt brunt och doftar nötigt. Häll upp i en skål och låt svalna i rumstemperatur tills det stelnar.

c) När gräddblandningen har svalnat, smörj lätt insidan av sex 150 ml darioleformar. Blötlägg gelatinbladen i kallt vatten i 10 minuter. Sila den avsvalnade gräddblandningen genom en sil i en ren panna, släng fläderblommorna och vaniljstången. Häll i sockret och rör om så att det löser sig. Sätt på låg värme och låt sjuda igen, häll sedan upp i en stor kanna. Krama ur överflödig vätska från gelatinet och rör ner i den varma grädden tills den smält. Fortsätt röra tills blandningen har svalnat och tjocknat något så att alla vaniljfröna inte sjunker till botten. Häll i formarna och låt svalna i minst 4 timmar. tills inställt.

d) Värm ugnen till 180C/160C fläkt/gas 4. Gnid in det brynta smöret i mjölet och rör sedan igenom sockret och mandeln. Bred ut på en plåt klädd med bakplåtspapper. Grädda i 25-30 minuter tills de är gyllene, rör om några gånger. Låt svalna.

e) Skiva jordgubbarna och blanda sedan med sockret och 1 tsk vatten. Ställ åt sidan för att macerera i 20 minuter.

f) Vänd upp pannacottorna på tallrikar och toppa dem med jordgubbarna och deras juice. Strö över lite av smulan, servera extra i en skål vid sidan av, dekorera sedan med några fläderblommor.

53. Rose Strawberry Lamington

INSTRUKTIONER:
FÖR LAMINGTONSVAMPEN:
- 390 g vanligt (all-purpose) mjöl
- 70 g majsmjöl
- 1 msk bakpulver
- ½ tsk salt
- 226 g osaltat smör, uppmjukat
- 2 ¼ koppar strösocker (superfint).
- 3 stora ägg
- 3 äggvitor
- 1 msk vaniljextrakt
- ¾ kopp helmjölk

FÖR GLASYREN OCH BEläggningen:
- ½ kopp strösocker (superfint).
- 1 kopp vatten
- 1 ½ tsk gelatinpulver
- 250 g färska jordgubbar, tvättade och skalade
- 1 tsk rosenvattenessens
- 2 dl florsocker (pulver/konditorer).
- 30 g osaltat smör, smält
- 2 koppar fin torkad kokosnöt

INSTRUKTIONER:
FÖR LAMINGTONSVAMPEN:
a) Värm ugnen till 180C / 350F / 160C fläkt och klä en lamingtonform (cirka 22 cm x 33 cm) med bakplåtspapper.
b) Sikta samman mjöl, majsmjöl, bakpulver och salt och blanda sedan väl.
c) Vispa smör och socker mycket ljust och pösigt. Tillsätt de hela äggen och vispa väl tills det är helt inkorporerat. Tillsätt sedan äggvitan och vaniljen och vispa tills blandningen ser vispad och ljus ut. Skrapa ner skålens sidor då och då.
d) Tillsätt hälften av mjölblandningen och vänd försiktigt igenom med en spatel. Tillsätt sedan mjölken och vänd ihop. Tillsätt resten av mjölet och vänd försiktigt tills det precis blandas.
e) Fördela smeten jämnt i den förberedda formen. Grädda i 35-40 minuter, vänd vid halvvägsmärket, tills toppen är gyllene och en tandpetare som satts in kommer ut ren. Låt den svalna något och vänd sedan upp på ett galler för att svalna helt.

FÖR ROSEN OCH JORDGubbsglasyren:
f) Häll sockret och vattnet i en kastrull och strö gelatinpulvret över toppen. Vänta i 5 minuter och värm sedan på låg värme tills sockret och gelatinet lösts upp. Lägg jordgubbarna i en mixer och häll sirapen över toppen. Puré till en vätska.
g) Häll vätskan genom en sil i en hällkanna och tillsätt rosenvattenessensen. Sikta ner florsockret i en ren skål. Tillsätt det smälta smöret och häll i jordgubbssirapen. Vispa tills den är slät och låt stå i kylen i 15-30 minuter för att svalna och tjockna något.

ATT BYGGA IHOP:
h) Lägg kokosen i en separat skål. Ställ ett galler över en stor bakplåt.
i) Skär bort kanterna från svampen och skär i rutor, ta även bort de gyllene kanterna från varje ruta.
j) Använd två gafflar och doppa svampen i jordgubbsblandningen och vänd på varje sida. Låt överskottet droppa av, täck sedan omedelbart med kokos och lägg på gallret för att stelna.

54.Jordgubbstårta och fläderkaka

INSTRUKTIONER:
- 150 g strösocker
- Skal av 1 citron
- 170 g osaltat smör
- 4 ägg
- ¼ tesked salt
- 1 ½ tesked bakpulver
- 1 ½ tesked bikarbonatsoda
- 250 ml vanlig yoghurt
- 150 g vanligt vitt mjöl
- 150 g vanligt fullkornsmjöl

FÖR TOPPEN:
- 60 g mjukat smör
- 3 msk fläderblomshjärta
- 100 g jordgubbar, hackade
- 160 g florsocker

INSTRUKTIONER:
a) Värm ugnen till 180°C och smörj och fodra din 29 cm långa form.
b) Kombinera både mjöl, bakpulver, bikarbonat och salt. Ställ de torra ingredienserna åt sidan.
c) I en separat skål, vispa socker, smör och citronskal tills det är väl blandat. Vispa i äggen, ett i taget, och rör sedan ner yoghurten. Efteråt, kombinera denna blandning med de torra ingredienserna.
d) Grädda blandningen i cirka 40 minuter eller tills den blir gyllenbrun. För att kontrollera om det är färdigt, använd ett spett eller kakprovare – det ska komma ut rent. När det är klart, blanda din fläderblomma med två matskedar vatten och ringla den över den varma kakan. Låt det svalna.
e) För att göra smörkrämen, blanda jordgubbar och citronsaft, värm sedan till medelhög låg nivå, rör om tills den är helt reducerad. Låt det svalna; detta kommer att bli din "jam".
f) Vispa till sist det mjukade smöret med din avsvalnade sylt och blanda i florsocker tills du har en slät konsistens. Bred denna smörkräm över din avsvalnade tårta och toppa den med jordgubbar och fläderblommor.
g) Njut av din läckra jordgubbs- och fläderkaka – en perfekt sommaröverseende!

55.Käglor Jordgubbscheese Cake

INSTRUKTIONER:
BAS:
- 150 g Digestive kex
- 95 g osaltat smör, smält

FYLLNING:
- 400g lätt mjuk gräddost
- 40 g florsocker
- 1 msk vaniljextrakt
- 200 ml dubbelkräm
- 10 röda käglor, blitsade
- 1 msk jordgubbssås

GARNERING:
- Skivade färska jordgubbar
- Röda käglor

INSTRUKTIONER:
a) Mixa digestivekexen i en mixer tills de blir till smulor och blanda med det smälta smöret. Tryck ut blandningen i botten av en 8-tums rund form med löstagbar botten tills den är fast. Ställ in den i kylen för att kyla medan du förbereder din fyllning.
b) I en stor skål, vispa färskost, florsocker och vaniljextrakt med en elvisp i 20 sekunder eller tills det bildar en slät konsistens. Tillsätt sedan den dubbla grädden och vispa tills den blir tjock.
c) Vänd ner de 10 röda röda Skittlesna och jordgubbssåsen. Häll cheesecakefyllningen ovanpå den kylda kexbottnen och jämna ut den med en liten spatel för att se till att alla kanter är fyllda. Låt den stelna i kylen i minst 6 timmar eller över natten.
d) (Valfritt) När cheesecaken har stelnat, toppa med färska jordgubbar och lite röda käglor för dekoration.

56. Strawberry Shortcake Butter Cookies

INSTRUKTIONER:
- 1 kopp osaltat smör, mjukat
- 1 kopp strösocker
- 1 stort ägg
- 1 tsk vaniljextrakt
- 2 ½ koppar universalmjöl
- ½ tsk bakpulver
- ¼ tesked salt
- 1 dl finhackade färska jordgubbar

INSTRUKTIONER:
a) Värm ugnen till 350°F (180°C).
b) I en stor skål, grädda ihop det mjuka smöret och sockret tills det är ljust och fluffigt.
c) Vispa i ägget och vaniljextraktet tills det är väl blandat.
d) I en separat skål, vispa ihop mjöl, bakpulver och salt.
e) Tillsätt gradvis de torra ingredienserna till de våta ingredienserna, blanda tills en mjuk deg bildas.
f) Vänd försiktigt ner de hackade jordgubbarna.
g) Lägg rundade matskedar av deg på en plåt klädd med bakplåtspapper.
h) Grädda i 10-12 minuter eller tills kanterna är lätt gyllene.
i) Låt kakorna svalna på bakplåten i några minuter innan du lägger över dem på ett galler.

57.Strawberry Crunch Tres Leches tårta

INSTRUKTIONER:
KAKA:
- 1 jordgubbstårtamix (bakad och kyld)

JORDGubbs LECHE "MILK" BLANDNING:
- 1 15 uns burk avdunstad mjölk
- ½ - 1 12 uns burk kondenserad mjölk
- ½ - 1 kopp helmjölk
- 1 kopp jordgubbar

PISKAD TOPPING:
- 2 koppar Kall Heavy Cream
- ¼ - ½ kopp pulveriserat socker

JORDGubbs CRUNCH TOPPING:
- 1 - 1 ½ koppar Ingen Bake Strawberry Crunch Topping (Kombinera 8 Rosa Strawberry Wafers och 6 Golden Oreos, smulade ihop)

INSTRUKTIONER:
a) Grädda jordgubbstårta enligt anvisningarna i en 9x13 ugnsform. Låt den svalna i ungefär en timme.

JORDGubbs LECHES "MILK" BLANDNING:
b) Blanda jordgubbar, kondenserad mjölk, evaporerad mjölk och helmjölk i en mixer eller matberedare tills det är slätt. Förvara blandningen kallt.
c) Valfritt: Reservera cirka ½ kopp för servering med kaka skivor.

PISKAD TOPPING:
d) Använd en stavmixer och vispa kall grädde och strösocker tills det bildas styva toppar. Förvara den vispade toppingen kylt.

MONTERA:
e) Använd en gaffel för att sticka hål i hela den avsvalnade jordgubbstårtan.
f) Häll hälften av jordgubbs leches "mjölk" blandningen och vänta på absorption (ca 5-8 minuter). Häll resterande hälften, täck med plastfolie och ställ i kylen i minst 4 timmar eller över natten.
g) När du är klar att servera, täck kakan med vispad topping och jordgubbscrunch-smulor. Garnera med färska jordgubbar om så önskas.

58. Strawberry Cheesecake Flan

INSTRUKTIONER:
- 1 kopp socker
- 1 ½ dl tjock grädde
- ½ kopp helmjölk
- 6 stora ägg
- ¼ tesked salt
- 4 uns färskost, mjukad
- ½ kopp jordgubbspuré
- ¼ kopp graham cracker smulor
- Vispad grädde och ytterligare grahamssmulor till servering

INSTRUKTIONER:
a) Värm ugnen till 325°F.
b) Värm sockret på medelhög värme i en medelstor kastrull, rör hela tiden tills det smälter och blir gyllenbrunt.
c) Häll det smälta sockret i en 9-tums flanform, virvla runt för att täcka botten och sidorna av formen.
d) Värm grädden, helmjölken och saltet på medelhög värme i en liten kastrull, rör hela tiden tills det bara får sjuda.
e) I en separat skål, vispa färskosten tills den är slät.
f) Tillsätt jordgubbspurén och vispa tills det är väl blandat.
g) Tillsätt äggen ett i taget, vispa ordentligt efter varje tillsats.
h) Rör ner grahamssmulorna tills de är väl blandade.
i) Sila blandningen genom en finmaskig sil och häll i flanformen.
j) Lägg formen i en stor ugnsform och fyll formen med tillräckligt med varmt vatten för att komma halvvägs upp på sidorna av formen.
k) Grädda i 50-60 minuter eller tills flanen stelnat och skakas lite när den skakas.
l) Ta ut ur ugnen och låt svalna till rumstemperatur innan den ställs i kylen i minst 2 timmar eller över natten.
m) För att servera, kör en kniv runt kanterna på formen och vänd upp den på ett serveringsfat. Servera med vispad grädde och ytterligare grahamssmulor.

59. No-Bake Strawberry Lemonade Cake

INSTRUKTIONER:
- 2 koppar graham cracker smulor
- 1 dl smält smör
- 1 dl jordgubbspuré
- 1 dl vispad grädde
- ½ kopp strösocker
- Skal av 2 citroner
- Färska jordgubbar till garnering

INSTRUKTIONER:
a) I en mixerskål, kombinera grahamssmulor och smält smör. Blanda tills smulorna är täckta.
b) Tryck ut hälften av smulblandningen i botten av en rund kakform eller springform för att skapa skorpan.
c) I en separat skål, blanda jordgubbspuré, vispad grädde, strösocker och citronskal tills det är väl blandat.
d) Häll jordgubbsblandningen över skorpan i kakformen.
e) Fördela blandningen jämnt och jämna till toppen.
f) Ställ i kylen i minst 4 timmar eller tills den stelnat.
g) Innan servering, garnera med färska jordgubbar.

60. No-Bake Strawberry Tartlets

INSTRUKTIONER:
- 1 ½ dl grahamssmulor
- ⅓ kopp smält smör
- 8 uns färskost, mjukad
- ½ kopp strösocker
- 1 tsk vaniljextrakt
- 1 dl färska jordgubbar, skivade

INSTRUKTIONER:
a) I en skål kombinerar du grahamssmulorna och det smälta smöret tills det är väl blandat.
b) Tryck ut smulblandningen i botten av tartelettformar eller minimuffinsformar för att bilda skorpan.
c) I en separat skål, vispa färskost, strösocker och vaniljextrakt tills det är slätt.
d) Häll ner färskostblandningen i tartelettskorporna och jämna till topparna.
e) Toppa varje tartelett med färska jordgubbsskivor.
f) Ställ i kylen minst 1 timme innan servering.

61.Strawberry Shortcake Lasagne

INSTRUKTIONER:
- 12 grahams kex
- 1 kopp tung grädde
- 8 uns färskost, mjukad
- ½ kopp strösocker
- 1 tsk vaniljextrakt
- 2 dl skivade färska jordgubbar
- Vispad grädde och ytterligare skivade jordgubbar (för garnering)

INSTRUKTIONER:
a) Lägg grahamskexen i en påse med dragkedja och krossa dem till fina smulor med hjälp av en kavel.
b) Vispa grädden i en bunke tills det bildas styva toppar.
c) I en annan blandningsskål, vispa färskost, strösocker och vaniljextrakt tills det är slätt.
d) Vänd ner den vispade grädden i färskostblandningen.
e) Klä botten av en 8x8-tums ugnsform med hälften av grahamssmulorna.
f) Fördela hälften av färskostblandningen över grahams-lagret.
g) Ordna de skivade jordgubbarna jämnt över färskostlagret.
h) Upprepa lagren med de återstående grahamssmulorna, färskostblandningen och skivade jordgubbar.
i) Toppa med en klick vispad grädde och garnera med ytterligare skivade jordgubbar.
j) Ställ i kylen i minst 2 timmar innan servering så att lagren stelnar.

62.Strawberry Cheesecake Popsicles

INSTRUKTIONER:
- 1 kopp (225 g) färskost
- 3 matskedar socker
- ⅔ kopp yoghurt
- 1 tsk vaniljextrakt
- 20 jordgubbar (ungefär)
- 1 kopp graham cracker smulor

INSTRUKTIONER:
a) Vispa ihop färskost, yoghurt, vanilj och socker i skålen. Avsätta
b) Mosa jordgubbarna i en matberedare (eller mixer) tills de inte klumpar.
c) Bryt grahamssmulorna i en liten skål till fina smulor
d) Vik försiktigt färskostblandningen, jordgubbspuré och kaksmulor
e) Häll blandningen jämnt i popsikelformar. Det är en tjock blandning så knacka den på bänken för att flytta blandningen ner i formen. Lägg till popsicle sticks i mitten av varje kopp.
f) Ställ in i frysen tills den är helt fryst, minst 4 timmar.

63.Månkaka med jordgubbar och vaniljsås

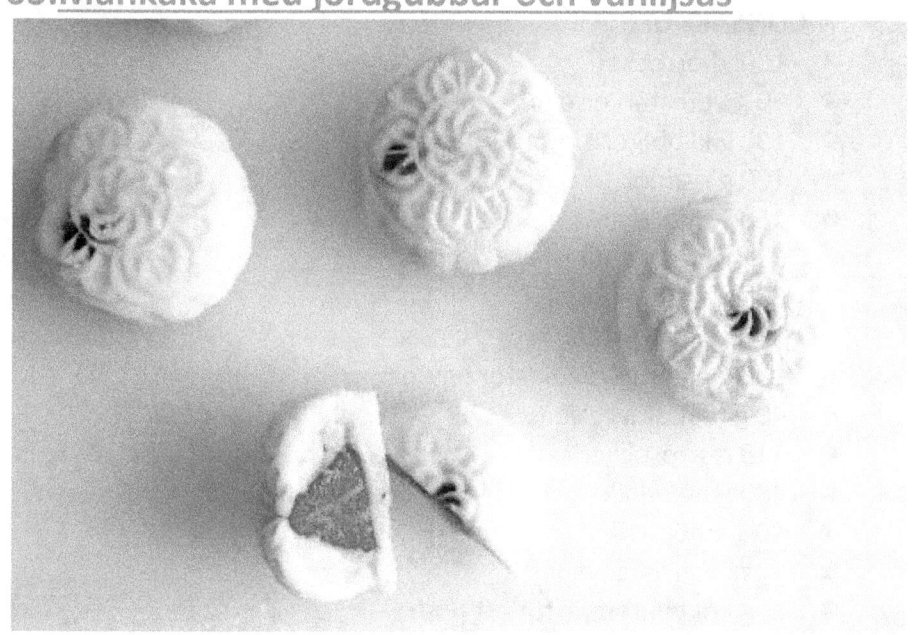

INSTRUKTIONER:
MOONCAKE DEG:
- 100g florsocker
- 60 g vetestärkelse
- 100 g klibbigt rismjöl
- 100 g rismjöl
- 460 g mjölk
- 60 g sötad kondenserad mjölk
- 60 g vegetabilisk olja

FYLLNING AV KJÄLLE:
- 100 g gulor (5 medelstora gulor)
- 40 g majsstärkelse
- 115 g strösocker
- 480 g helmjölk
- 40 g smör
- 1 tsk vaniljstångspasta
- 50g kokt vetemjöl för att pudra

HOPSÄTTNING:
- 16-18 Små jordgubbar, stjälken borttagen och putsad till storlek

INSTRUKTIONER:

FÖR DET KOTADE DAMMELET:

a) Häll 50 g vetemjöl i en stekpanna och rör om på låg värme i 3 till 5 minuter tills det bildar klumpar.

b) Överför det kokta mjölet till en bricka för att svalna. Förvara eventuella rester i en lufttät behållare.

FÖR VANILJILJEMISSFYLLNING:

c) Värm mjölk och vanilj i en kastrull. Vispa äggulor och socker i en separat skål. Häll varm mjölk över äggulorna under vispning. Koka på låg värme i 5-8 minuter tills det tjocknat. Kyl helt.

d) Skopa avsvalnade vaniljsås med en glassskopa, tryck in en putsad jordgubbe i mitten och släpp ut på en bricka. Kyl tills den är klar att monteras.

FÖR SNÖHUDEN:

e) Vispa alla ingredienser till snöskinnsdegen tillsammans, tillsätt kall mjölk gradvis. Täck över och ånga i 40-50 minuter.

f) Skär det gelade snöskinnet i bitar och skrapa bort skålen medan den är varm och sval nog att hantera.

g) Massera in degen med handskar för att få in oljan. Slå in och svalna i kylen.

HOPSÄTTNING:

h) Dela den avsvalnade degen i 16-18 bitar. Rulla var och en till en slät boll och platta till mellan handflatorna.

i) Nyp ihop en liten bit extra snöskinnsdeg, platta till och tryck in i mitten av den tillplattade degen.

j) Lägg vaniljsåsfyllningen med spetssidan mot mitten, ring degen runt fyllningen, tryck ihop skarvarna och rulla i mjöl.

k) Lägg i en mooncakeform, tryck försiktigt och släpp. Upprepa för resterande deg och fyllningar.

64. Chokladtäckta Strawberry Pots De Crème

INSTRUKTIONER:
FÖR DE ROSTADE JORDGubbarna:
- 1 pund färska jordgubbar, skalade och halverade
- 2 matskedar strösocker
- 1 msk balsamvinäger (valfritt)

TILL CHOKLADPRUTARNA DE CRÈME
- 8 oz halvsöt eller mörk choklad, finhackad
- 4 stora äggulor
- ¼ kopp strösocker
- 1 tsk vaniljextrakt
- Nypa salt
- 1 ½ dl tjock grädde
- ½ kopp helmjölk

FÖR GARNERING (VALFRI):
- Ytterligare färska jordgubbar
- Vispgrädde
- Chokladspån eller riven choklad

INSTRUKTIONER:
a) Värm ugnen till 400°F (200°C). Klä en plåt med bakplåtspapper.
b) I en mixerskål, släng de halverade jordgubbarna med strösocker och balsamvinäger (om du använder) tills de är väl belagda. Bred ut jordgubbarna i ett enda lager på den förberedda bakplåten.
c) Rosta jordgubbarna i den förvärmda ugnen i cirka 15-20 minuter, eller tills de är mjuka och släpper saften. Ta ut ur ugnen och låt dem svalna.
d) Förbered under tiden chokladpots de crème. Lägg den finhackade chokladen i en värmesäker skål.
e) I en separat skål, vispa ihop äggulor, strösocker, vaniljextrakt och en nypa salt tills det är väl blandat.
f) Värm grädden och helmjölken på medelhög värme i en kastrull tills det börjar sjuda. Ta av från värmen precis innan det kokar.
g) Häll långsamt den varma gräddblandningen över den hackade chokladen, rör hela tiden tills chokladen smält och blandningen är slät.
h) Häll gradvis chokladblandningen i skålen med äggulorna under konstant vispning för att förhindra att äggen stelnar.

i) Sila den kombinerade blandningen genom en finmaskig sil i en kanna eller en hällkanna för att ta bort eventuella klumpar.
j) Värm ugnen till 325°F (160°C).
k) Ordna sex 6-ounce ramekins eller vaniljsåskoppar i en ugnsform. Fördela de rostade jordgubbarna bland ramekins.
l) Häll chokladblandningen över jordgubbarna, fyll varje ramekin nästan till toppen.
m) För försiktigt över ugnsformen med ramekins till ugnen. Fyll ugnsformen med varmt vatten tills den når ungefär halvvägs upp på sidorna av ramekins, skapa ett vattenbad.
n) Grädda pots de crème i vattenbadet i ca 30-35 minuter eller tills kanterna stelnat men mitten fortfarande är något skakiga.
o) Ta bort ramekins från vattenbadet och låt dem svalna till rumstemperatur. Täck sedan varje ramekin med plastfolie och ställ i kylen i minst 4 timmar eller över natten för att kyla och stelna.
p) Före servering kan du garnera varje pot de crème med färska jordgubbar, en klick vispgrädde och chokladspån eller riven choklad.
q) Njut av de rika och dekadenta chokladtäckta rostade jordgubbspots de Crème som en härlig efterrätt!

65.Jordgubbs- och rosenbladsmördegskaka

INSTRUKTIONER:
- 2 koppar universalmjöl
- ¼ kopp strösocker
- 1 msk bakpulver
- ½ tsk salt
- ½ kopp osaltat smör, kallt och i tärningar
- ¾ kopp kärnmjölk
- 1 tsk vaniljextrakt
- 2 dl skivade jordgubbar
- Färska rosenblad (se till att de är kulinariska)
- Vispad grädde, till servering

INSTRUKTIONER:
a) Värm ugnen till 425°F (220°C).
b) I en stor skål, vispa ihop mjöl, socker, bakpulver och salt.
c) Tillsätt det kalla tärningssmöret till de torra ingredienserna. Använd en konditor eller fingrarna för att skära smöret i mjölblandningen tills det liknar grova smulor.
d) Gör en brunn i mitten av blandningen och häll i kärnmjölken och vaniljextraktet. Rör om tills det precis blandas.
e) Vänd ut degen på en mjölad yta och knåda den försiktigt några gånger tills den går ihop.
f) Klappa degen till en 1-tums tjock runda och skär ut mördegskakor med hjälp av en kexfräs.
g) Lägg mackorna på en plåt klädd med bakplåtspapper.
h) Grädda i 12-15 minuter eller tills de är gyllenbruna.
i) Ta ut ur ugnen och låt dem svalna något.
j) Dela shortcakes på mitten horisontellt. Fyll dem med skivade jordgubbar och strö färska rosenblad över jordgubbarna. Toppa med vispad grädde och lägg den andra halvan av mördegskakan ovanpå.
k) Servera och njut!

66.Jordgubbstårtarulle

INSTRUKTIONER:
FÖR KLISTA:
- 2 matskedar / 30 g osaltat smör, uppmjukat
- 2 ½ matskedar / 30 g strösocker
- ⅓ kopp / 40 g kakmjöl, siktat
- 1 stor / 30 g äggvita
- Karamellfärg

FÖR TÅRTA:
- 3 stora ägg, separerade
- 6 matskedar / 75 g strösocker, uppdelat
- 1 matsked vegetabilisk olja
- 1 ½ matsked / 23 g helmjölk
- ½ tesked mandelextrakt
- ½ tsk kosher salt
- ⅔ kopp / 67 g kakmjöl, siktat
- Karamellfärg

FÖR FYLLNING:
- 1 kopp / 240 g kraftig vispgrädde
- ¼ tesked smaklös gelatinpulver
- ½ ounce / 14 g frystorkade jordgubbar
- 3 matskedar / 38 g strösocker
- 1 matsked / 8 g strösocker

INSTRUKTIONER:

a) Förvärm ugnen till 350 grader F. Smörj en 15 x 10-tums gelérullform, fodra med bakplåtspapper och frys in för att ställa in designen.
b) Förbered designpastan genom att blanda smör, socker, mjöl och äggvita. Dela i skålar, tillsätt matfärgning och sprid ut motivet på pergamentet. Frysa.
c) Vispa ihop äggulor, socker, vegetabilisk olja, mjölk, mandelextrakt, salt och matfärg i en bunke. Vänd i siktat kakmjöl.
d) Vispa äggvitan med socker i en separat skål tills det bildas medelstyva toppar. Vänd ner i smeten.
e) Häll smeten över den frysta designen och grädda i 10 minuter.
f) Vänd upp den varma kakan på en kökshandduk pudrad med strösocker, skala av pergamentet och rulla ihop kakan. Låt den svalna i en timme.
g) Till fyllningen, lös gelatin i vatten, pulsera frystorkade jordgubbar med socker och vispa grädden med strösocker och jordgubbsblandning.
h) Rulla ut kakan, bred ut fyllningen och rulla ihop den igen. Kyl i minst 2 timmar.
i) Använd eventuellt ett kartongrör för att behålla rullens form. Skiva med en vass sågtandad kniv till servering.

67. Key Lime Strawberry Cheesecake Bundt Cake

INSTRUKTIONER:
CHEESECKE-FYLLNING:
- 8 uns färskost
- ½ kopp strösocker
- 1 ägg
- 1 tsk vaniljextrakt
- 2 tsk universalmjöl

Tårtbotten:
- 2 koppar universalmjöl
- 1 tsk bakpulver
- ½ tsk kosher salt
- 1 kopp osaltat smör
- 1 ⅔ kopp strösocker
- 4 ägg
- ½ msk vaniljextrakt
- ⅔ kopp mjölk

NYCKELLIMEKAKA:
- 1 limejuice
- 2 lime skalade
- Grön matfärg

JORDGUBBSTÅRTA:
- ½ dl jordgubbar, skalade och hackade
- Rosa matfärg

JORDGubbsLIMEGLASUR:
- 4 uns färskost
- ½ kopp strösocker, siktat
- 3 msk limejuice
- ½ tsk limeskal
- 2 jordgubbar, skalade och hackade

INSTRUKTIONER:
CHEESECKE-FYLLNING:
a) I skålen med en elektrisk mixer, vispa färskost och socker tills det är väl blandat. Tillsätt ägg, vanilj och mjöl tills det är väl blandat. Avsätta.

Tårtbotten:

b) Värm ugnen till 325 grader F och smörj en 10-kopps Heritage bundt- panna med matlagningsspray.
c) I en medelstor skål, vispa mjöl, bakpulver och salt. Avsätta.
d) I en stående mixer, grädde smör och socker i 4-5 minuter på medelhög hastighet tills det är blekt och fluffigt.
e) Blanda äggen i ett i taget, helt införliva efter varje tillsats. Tillsätt vanilj.
f) Med mixern på låg hastighet, tillsätt mjölblandningen växelvis med mjölken, blanda tills den precis blandas.
g) Dela smeten i 2 skålar. Vik limejuice, skal och grön matfärg till den ena och färska jordgubbar och rosa matfärg i den andra.
h) Förbered 2 konditorivaror och fyll var och en med en av smetarna. Spruta in smeten, omväxlande med färgerna, i vecken av buntpannan, var försiktig så att du inte rinner över i de andra vecken.
i) När vecken är fyllda fortsätter du att fylla pannan tills den är halvfull.
j) Häll cheesecakefyllningen i mitten av smeten, låt den inte röra vid kanterna på formen. Sprid resterande smet i omväxlande lager och marmorera den om så önskas. Fördela smeten jämnt.
k) Grädda i 55-60 minuter, eller tills ett spett kommer ut rent.
l) Ta ut ur ugnen och överför pannan till ett galler som svalnar i 10-15 minuter. Lossa kakan genom att knacka den mot bänken för att lossa den, vänd sedan ut kakan på ett galler för att svalna helt.

JORDGubbsLIMEGLASUR:
m) Blanda färskost och strösocker i en liten skål. Använd en mixer för att grädda, blanda tills det är väl blandat.
n) Blanda limejuice, skal och hackade jordgubbar i en mortel eller botten av ett glas. Blanda i färskostblandningen, tillsätt mer limejuice om det behövs för att tunna ut.
o) Häll glasyr på den varma kakan. Garnera med skivade jordgubbar och limeskal.

68.Strawberry Shortcake Chiffong Cupcakes

INSTRUKTIONER:
CUPCAKES:
- ⅞ kopp kakmjöl
- 6 matskedar strösocker
- 1 tsk bakpulver
- ⅛ tesked salt
- 4 stora äggulor
- ¼ kopp vegetabilisk olja
- ⅓ kopp vatten
- ½ tesked vaniljextrakt
- 3 stora äggvitor, rumstempererade
- 3/16 tesked grädde av tandsten
- ¼ kopp strösocker

FYLLNING:
- 2½ dl hackade jordgubbar
- 2½ matskedar strösocker
- 1¼ matskedar majsstärkelse
- 1¼ matskedar vatten

GARNERING:
- 2 koppar tung grädde, kall
- 1 tsk vaniljextrakt
- 2 matskedar strösocker

INSTRUKTIONER:
CUPCAKES:
a) Värm ugnen till 350°F. Klä muffinsformar med pappersfoder eller spraya med bakspray. Avsätta.
b) Sikta mjöl, 6 matskedar socker, bakpulver och salt i en stor skål. Avsätta.
c) I en liten skål, vispa ihop äggulor, olja, vatten och vanilj. Avsätta.
d) Med en elektrisk mixer försedd med visptillbehör, vispa äggvita och grädde av tartar tills det skummar. Häll i ¼ kopp socker medan du fortsätter att vispa. Vispa till hårda toppar. Avsätta.
e) Häll våta ingredienser över torra ingredienser och vispa tills det är slätt.
f) Vänd ner marängen.
g) Använd en 3-msk kakskopa för att dela smeten i förberedda formar.
h) Grädda i 18-20 minuter tills de är ljust gyllenbruna. Ställ åt sidan för att svalna.

FYLLNING:
i) Blanda alla ingredienser i en medelstor kastrull.
j) Koka och rör om på medel-låg värme tills sockret är upplöst och blandningen är tjock, ca 2-3 minuter.
k) Ställ åt sidan för att svalna.

CHANTILLY CREAM:
l) Blanda alla ingredienser i en medelstor skål.
m) Vispa med elmixer försedd med vispfäste till medelstyva toppar.

HOPSÄTTNING:
n) Core cupcakes.
o) Fyll varje cupcake med 1 matsked fyllning.
p) Byt ut toppen på cupcakes.
q) Sprid eller sprid Chantilly-kräm ovanpå.

69. Strawberry Chiffong Cheesecake Parfaits

INSTRUKTIONER:
FÖR FYLLNING:
- 1 ¼ tsk gelatin utan smak (halva paketet)
- ⅔ kopp ananasjuice
- 8 uns paket fettfri gräddost, mjukad till rumstemperatur ELLER yoghurt silad i 24 timmar
- 42 gram frystorkade jordgubbar (ca 1 kopp), malda till ett pulver
- 4 matskedar strösocker
- 2 stora ägg, separerade
- ¼ tesked koshersalt

FÖR SKORPA:
- 20 Graham Crackers (5 ark), bearbetade till smulor
- 1 msk farinsocker
- 1 msk smör, smält
- 2 nypor koshersalt

INSTRUKTIONER:
FÖR GRAHAM CRACKER CRUST:
a) Kombinera grahamssmulor, socker och smält smör.
b) Blanda väl för att kombinera och förvara i en lufttät behållare.

FÖR FYLLNING:
c) Bearbeta de frystorkade jordgubbarna i en matberedare eller mixer tills det blir ett fint pulver. Avsätta.
d) Vispa den mjukgjorda färskosten i en skål utrustad med en paddelmixer. Tillsätt jordgubbspulvret och vispa på hög hastighet tills det är krämigt och slätt.
e) Blanda gelatin och ananasjuice i en liten kastrull. Ställ åt sidan för att blomma i ca 5 minuter.
f) Vispa äggvitorna i en separat skål tills det bildas styva toppar. Avsätta.
g) På låg värme, rör om gelatinblandningen tills den är helt upplöst. Avlägsna från värme.
h) I en annan skål, vispa ihop äggulorna och sockret tills gulorna blir ljusgula.
i) För att temperera äggulan, tillsätt gradvis små mängder av den varma gelatinblandningen under vispning för att förhindra förvrängning.

j) Blanda ner den tempererade ägguleblandningen i kastrullen med den återstående gelatinblandningen. Koka på medel-låg värme, under konstant omrörning, tills blandningen tjocknar något (cirka 3-5 minuter).
k) På låg hastighet, tillsätt gradvis cirka ⅓ av gelatinblandningen till färskostblandningen. Upprepa tills allt gelatin är inkorporerat. Ta bort skålen från mixern.
l) Vänd försiktigt ner den styva äggvitan tills den är helt införlivad.

ATT SÄTTA PARFAITS:
m) Häll cirka ½ kopp av chiffongfyllningen i varje serveringskopp.
n) Upprepa processen för de återstående parfaiten.
o) Kyl tills den är fast, cirka 1 till 1 ½ timme.
p) Innan servering, strö 1 matsked Graham Cracker Crust på toppen och garnera med tärnade färska jordgubbar.
q) Njut av dessa härliga Strawberry Chiffong Cheesecake Parfaits, en perfekt njutning för att välkomna våren!

70.Jordgubbar Och Grädde Éclairs

INSTRUKTIONER:
FÖR ÉCLAIRS:
- 80 gram (⅓ kopp) vatten
- 80 gram (⅓ kopp) helmjölk
- 72 gram (5 matskedar) osaltat smör
- 3 gram (¾ tesked) superfint socker
- 2½ gram (½ tesked) salt
- 90 gram (¾ kopp) vitt brödmjöl
- 155 gram (5 ½ ounce) uppvispade ägg (3 medelstora ägg)

FÖR FYLLNING:
- 300 milliliter (1 ¼ koppar) tjock grädde
- 1 msk superfint socker
- 1 tsk vanilj
- Pulversocker, att pudra
- 8 till 10 jordgubbar, skivade

INSTRUKTIONER:
FÖR ÉCLAIRS:
a) Blanda vatten, mjölk, smör, superfint socker och salt i en kastrull på medelvärme. Koka upp blandningen försiktigt (ca 1 minut).
b) När det kokar, tillsätt mjöl och rör hela tiden tills det bildar en blank degboll (cirka 2 minuter).
c) Överför degen till en stor skål och låt den svalna i 2 minuter.
d) Tillsätt långsamt en fjärdedel av den vispade äggblandningen, blanda med en träslev tills den är homogen.
e) Fortsätt att tillsätta ägget långsamt tills degen når droppstadiet (faller av skeden på 3 sekunder). Var försiktig så att blandningen inte blir för rinnig.
f) Överför degen till en spritspåse försedd med ett franskt stjärnmunstycke. Pipe tio 5-tums rader av deg på en bakplåt klädd med en silikonmatta eller bakplåtspapper. Frys i 20 minuter.
g) Värm ugnen till 205 grader C/400 grader F.
h) Precis innan du lägger till eclairs, tillsätt 2 matskedar vatten i botten av ugnen för att skapa ånga. Sätt omedelbart in eclairerna i ugnen, sänk temperaturen till 160 grader C/320 grader F och grädda tills de är gyllenbruna (30 till 35 minuter). Låt svalna.

FÖR FYLLNING:
i) Vispa ihop grädde, superfint socker och vanilj tills det bildas mycket mjuka toppar.
j) Överför blandningen till en spritspåse försedd med ett munstycke med fransk stjärnspets eller annan dekorativ spets.

HOPSÄTTNING:
k) Dela de kylda eclairskalen på mitten på längden för att skapa övre och nedre skal.
l) Pudra de övre skalen lätt med strösocker.
m) På de nedre skalen, lägg skivade jordgubbar och rör sedan vispgrädde i en virvlande rörelse ovanpå.
n) Lägg de översta skalen på grädden, rör sedan mer vispgrädde i små klick på topparna och dekorera med ytterligare färska jordgubbar.

71.Rabarberrosa och jordgubbspistaschgaletter

INSTRUKTIONER:
PISTSCHORP
- 1 kopp kallt osaltat smör (2 pinnar)
- 2 ½ koppar universalmjöl
- 2 matskedar strösocker
- 2 tsk salt
- ¼ kopp iskall vodka
- 2-4 matskedar iskallt vatten
- ½ kopp finhackade pistagenötter (osaltade)

RABARBERROSOR
- 3 stjälkar rabarber
- 1 ½ dl socker
- 1 ½ dl vatten
- 3-5 droppar rosextrakt

JORDGubbsFYLLNING
- 1 pint färska jordgubbar (skivade)
- 1 citronskal och saft
- ½ kopp socker
- 1 msk tapiokastärkelse

ÄGGTVÄTT
- 1 ägg
- 2-3 msk mousserande socker (eller råsocker)
- Cook Mode Förhindra att skärmen blir mörk

INSTRUKTIONER:
PISTSCHORP

a) I en matberedare, pulsa ihop pistagenötterna med ca 1 msk av mjölet tills de är finhackade. Överför till en skål och ställ åt sidan.
b) Skär smöret i ¼"-½" tärningar och ställ tillbaka i kylen eller frysen för att stelna i några minuter.
c) Lägg mjöl, socker och salt i en bunke med höga sidor och vispa ihop.
d) Har du en matberedare kan du använda den för att blanda pajdegen.
e) Lägg mjölblandningen och det tärnade smöret i en matberedare. Pulsera försiktigt tills mjölet ändras från silkeslent till mjöligt; detta bör bara ta en handfull pulser så titta noga på det.
f) Medan du pulserar, häll försiktigt vodkan genom matarröret tills den blandas. Vid det här laget gillar jag att förvandla den smuliga degen till en stor blandningsskål för att kontrollera degens hydratiseringsnivå genom att samla en liten näve; om det håller ihop är det klart. Om det är torrt eller smuligt, tillsätt långsamt det återstående vattnet, 1 matsked i taget. Testa degen genom att nypa den då och då.
g) När degen börjar hålla ihop, vänd ner de hackade pistagenötterna tills de är helt införlivade.
h) Forma degen till fyra skivor för mindre 6" galetter eller två skivor för större 10" galetter och slå in dem individuellt i plast.
i) Kyl i minst 1 timme innan du rullar och formar.

RABARBERROSOR

j) Med en liten skalkniv skär du försiktigt rabarberstjälkarna på längden i tunna, långa band cirka ⅛" tjocka.
k) Tillsätt vatten och socker i en bred botten kastrull och låt sjuda på medelhögt huvud. Vispa tills sockret är helt upplöst. Rör sedan ner några droppar rosextrakt.
l) Tillsätt rabarberbanden i omgångar och låt puttra på medel-låg värme i cirka 45 sekunder tills de börjar bli mjuka och följsamma men innan de blir gummiaktiga. Överför till en bakplåt klädd med hushållspapper.

m) När banden har svalnat kan du börja forma rosorna. Börja med att hålla ena änden mellan tummen och pekfingret och linda sedan hårt runt pekfingret tills en rosform börjar bildas. När du har cirka ½" av bandet kvar, stick det försiktigt genom mitten för att hålla rosen i form. Lägg tillbaka rosorna på den klädda bakplåten. Upprepa med alla band.

JORDGubbsFYLLNING

n) Skiva jordgubbarna ¼" -½" rundlar och lägg i en mixerskål.
o) Tillsätt skalet och saften från en citron, strö över socker och rör om. Rör ner tapiokastärkelsen och låt stå i 15 minuter.

FORMA GALETTERNA

p) Rulla de mindre degskivorna till 8" rundor eller de större skivorna till 12"-14" rundlar ungefär ⅛" - ¼" tjocka.
q) Fördela försiktigt jordgubbarna jämnt över mitten av bakverksrundorna, lämna en 2" kant för små galetter eller en 3" kant för större galetter, hela vägen runt.
r) Lyft försiktigt och vik kanten upp och över fyllningen, låt degen veckas naturligt med 2" intervaller när du viker. Den ska vecka runt 8 gånger när du arbetar dig runt.
s) Toppa den exponerade jordgubbsblandningen med en bukett rabarberrosor.
t) Lägg galetterna på klädda bakplåtspapper, två små galetter /plåt eller en stor galette /plåt.
u) Värm ugnen till 375° och kyl galetterna i 10-15 minuter medan ugnen förvärms.
v) Vispa ihop äggen i en liten skål. Pensla blandningen lätt över degen och strö över mousserande socker.
w) Grädda i 35-40 minuter, rotera formarna halvvägs. Skorpan ska vara djupt gyllenbrun och frukten ska vara mjuk.
x) Låt svalna innan servering. Strö över några hela pistagenötter för att tillföra färg och crunch. Skär i klyftor för att servera.
y) Gör ett litet folietält för varje galette och täck för fruktig mitt (låt degkanten vara frilagd) under de första 25 minuterna. Ta bort tälten under de sista 10 minuterna av bakningen.

72. Mint Strawberry Posset

INSTRUKTIONER:
- 1 kopp färska jordgubbar
- 4 matskedar strösocker
- 1 tsk finhackad mynta
- 3 matskedar Guinness Stout
- 200 g dubbelkräm

INSTRUKTIONER:
a) Skiva dina jordgubbar och blanda dem med myntan tills de är helt mosade. Lägg detta åt sidan.
b) Tillsätt din dubbla grädde i en kastrull.
c) Till den dubbla grädden, tillsätt ditt strösocker och tre matskedar Guinness.
d) Låt detta puttra i cirka 4 minuter, tillsätt sedan dina mosade jordgubbar.
e) Tillsätt mynta för att göra smaken mycket mer profilerad och läcker. Låt det puttra i ytterligare 2 minuter och ta sedan av från värmen.
f) Häll detta i en bägare och låt det stelna i frysen i cirka 2 timmar eller tills det stelnat.
g) När den stelnat, garnera med fler färska jordgubbar och ett par färska myntablad för att binda ihop allt och servera.

73.Cheesecake-fyllda jordgubbstårta Mix Cookies

INSTRUKTIONER:
FYLLNING:
- 6 uns färskost, mjukad
- ½ kopp strösocker
- ½ tesked vaniljextrakt

SMÅKAKOR:
- 1 (15-ounce) paket med jordgubbstårtamix
- ¼ kopp universalmjöl, östat och utjämnat (35 g)
- ½ kopp saltat smör, smält (1 pinne)
- 2 stora ägg
- ½ kopp strösocker (för rullning)

INSTRUKTIONER:
FÖRBERED OSTKAKASFYLLNING:
a) I en medelstor skål, använd en stavmixer för att blanda färskost, strösocker och vanilj på medium-låg tills den kombineras.
b) Lägg upp små 2-3 teskedar stora högar av färskostblandningen på en bakplåtspappersklädd plåt eller plåt. Frys i 15 minuter.
c) Värm ugnen till 350°F.
d) Klä två bakplåtar med bakplåtspapper.

FÖRBERED KAKDEG:
e) I en stor skål, blanda jordgubbstårta mix, mjöl, ägg och smält smör på medium-låg tills precis kombineras.
f) Kyl degen i 5-10 minuter för att göra den lättare att arbeta med.

SAMMANSTÄLL OCH FORMA COOKIES:
g) Använd en 2-msk kakskopa för att portionera degen.
h) Gör en krater i mitten av varje degboll och placera en hög av den frysta färskostfyllningen i mitten.
i) Ta upp degen runt fyllningen och rulla den kort i handen för att täta den, se till att fyllningen inte läcker ut under gräddningen.
j) Rulla varje degboll i strösocker för att generöst täcka.

BAKA:
k) Ordna de belagda degbollarna 2 tum isär på de förberedda bakplåtarna så att kakorna kan spridas.
l) Grädda i 9-11 minuter, eller tills kakorna verkar spräckliga och torra på ovansidan och precis börjar få färg på botten.
m) Kyl på bakplåten i 5 minuter och överför sedan till ett galler.
n) Om du inte serverar alla kakor på samma dag, förvara dem i en stor plastpåse i kylen, krama ur all luft innan du försluter dem.

74. Godiva Strawberry Torte

INSTRUKTIONER:
- 2 kuvert med gelatin utan smak
- ½ kopp kallt vatten
- 3 äggulor
- ½ kopp socker
- ¼ tesked salt
- ½ dl mjölk, skållad
- 1 tsk vaniljextrakt
- 10 uns jordgubbar, frysta, osötade, mosade
- 2 koppar Godiva likör (delad)
- 1 kopp tung grädde
- 1 9-tums sockerkaka
- 1 liter färska jordgubbar, skalade
- Vispad grädde (till garnering)

INSTRUKTIONER:
a) Börja med att mjuka upp gelatinet i det kalla vattnet och ställ det sedan åt sidan.
b) Koka äggulor, socker, salt och skållad mjölk i en dubbelkokare tills blandningen tjocknar något. Rör hela tiden under denna process.
c) Ta bort blandningen från värmen, tillsätt det uppmjukade gelatinet och rör om tills gelatinet är helt upplöst.
d) Tillsätt vaniljextrakt, jordgubbspuré och 1½ koppar Godiva-likör till blandningen. Kyl den tills den tjocknar något och kan samlas på en sked.
e) Vispa grädden tills den bildar styva toppar och vik sedan försiktigt ner den i jordgubbsblandningen. Ställ denna blandning åt sidan.
f) För att montera torten, placera sockerkakan i en smord 9-tums springform. Strö den med ½ kopp Godiva-likör.
g) Täck kakan med hela jordgubbar med skalsidan nedåt.
h) Toppa jordgubbarna med jordgubbsmousseblandningen.
i) Kyl torten i flera timmar innan servering.
j) Garnera Godiva Strawberry Torte med vispad grädde och färska jordgubbar.
k) Njut av din härliga Godiva Strawberry Torte!

75.Mini jordgubbspajer med lavendelkräm

INSTRUKTIONER:
FÖR CITRON-LAVENDELKRÄMEN:
- 16 uns vanlig nonfat yoghurt
- 3 till 4 matskedar socker (justera efter smak)
- 2 tsk citronskal
- Flera droppar apelsinextrakt eller blomvatten
- 1 tsk torkad lavendel

FÖR JORDGUBBSPAJERNA:
- 16 wonton omslag (3 tum vardera)
- Matlagningsspray med smörsmak
- 16 stora mogna jordgubbar (ca 2 koppar)
- 2 msk röda vinbärsgelé, smält med 1 msk vatten
- 2 msk hackade pistagenötter

INSTRUKTIONER:

FÖR CITRON-LAVENDELKRÄMEN:

a) Häll av yoghurten i 6 timmar för att skapa yoghurt "ost". Överför yoghurtosten till en stor mixerskål.

b) Vispa i sockret (börja med 3 matskedar och anpassa efter smak), citronskal, apelsinextrakt eller blomvatten och torkad lavendel. Blanda tills det är väl blandat. Avsätta.

FÖR JORDGUBBSPAJERNA:

c) Värm ugnen till 400 grader F (200 ° C).

d) Spraya små (2-tums) räfflade formar med matlagningsspray. Klä formarna med wonton-omslag, se till att de täcker formarna helt.

e) Spraya insidan av bakverksskalen med matlagningsspray och grädda dem i den förvärmda ugnen tills de blir knapriga och gyllenbruna, cirka 6 till 8 minuter. Ta ur formarna och svalna på galler.

f) Förbered jordgubbarna genom att skära flera parallella skivor (cirka ⅛-tums mellanrum) i varje bär, börja i den spetsiga änden och skär halvvägs ner genom bäret. Lufta försiktigt ut varje jordgubbe med fingrarna. Du kan göra detta steg i förväg.

g) För att servera, lägg 2 matskedar av citron-lavendelkrämen i varje tartelettskal.

h) Toppa varje tartelett med en utfläkt jordgubbe och pensla jordgubben med den smälta röda vinbärsgelén.

i) Strö hackade pistagenötter över toppen av varje tartelett.

j) Servera de lagom stora jordgubbspajerna med citron-lavendelkräm direkt och njut!

k) Dessa förtjusande minipajer är en söt och syrlig godbit med en touch av blommig lavendel och citrusaktig citron.

76.Strawberry Mirror Glaserad Bavarois

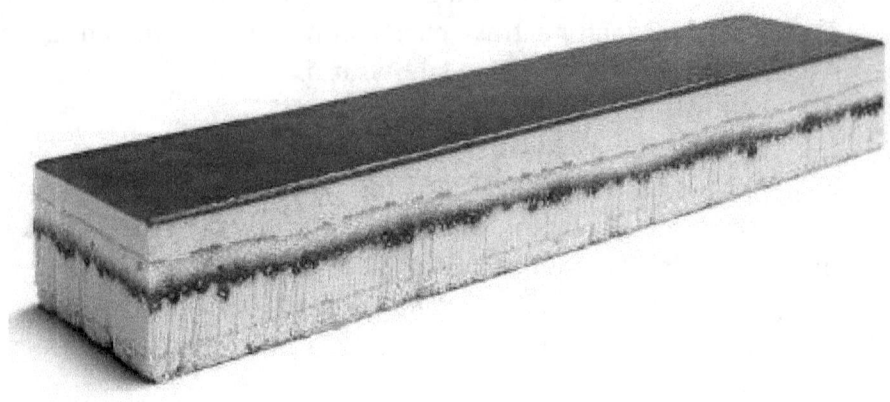

INSTRUKTIONER:
FÖR MANDELFONDANTEN:
- 80 g strösocker
- 2 ägg
- 80 g mandelpulver
- 50 g smält smör
- En skvätt rom

FÖR HALLONBAVAREN:
- 300 g hallon
- 6 g gelatinblad
- 200ml mycket kall hel grädde
- 80 g strösocker
- 1 msk florsocker

FÖR JORDGUBBSPELEN:
- 130 g jordgubbar
- 90 g strösocker
- 3½g gelatinblad

UTRUSTNING:
- dessertcirkel 20 till 22 cm i diameter (4½ cm hög)
- Bunke
- Panorera

INSTRUKTIONER:
MANDELFONDANT:
a) I en mixerskål eller matberedare, kombinera hela äggen och sockret.
b) Tillsätt mandelpulver, smält smör och en klick rom till blandningen.
c) Häll denna blandning i en dessertcirkel och grädda vid 180°C (termostat 6) i 20 minuter.
d) Låt fondanten svalna i formen och ta sedan försiktigt bort den från formen med en kniv.
e) Lägg mandelfondanten på ett serveringsfat och placera dessertcirkeln runt den, minska diametern något för att förhindra läckage av bayersk grädde.

BAVARISK HALLON:
f) Tina hallonen och blanda dem. Passera purén genom en sil för att ta bort fröna.
g) Blötlägg gelatinet i kallt vatten.
h) Hetta upp hallonpurén i en kastrull med socker. Tillsätt det väl avrunna gelatinet och rör om tills det smält. Låt det svalna.
i) Vispa hela grädden tills det bildas hårda toppar. Tillsätt florsockret och vispa igen.
j) Vänd försiktigt ner den avsvalnade hallonpurén i den vispade grädden med hjälp av en spatel.
k) Bred ut denna blandning över mandelfondanten i dessertcirkeln.
l) Kyl i minst 2 timmar.

JORDGUBBSPEGEL:
m) Efter 2 timmar, förbered jordgubbsspegeln. Mjuka upp gelatinet i kallt vatten.
n) Blanda jordgubbarna och sila blandningen genom en sil.
o) Kombinera jordgubbscoulis och socker i en kastrull och värm försiktigt.
p) Ta bort från värmen och tillsätt det avrunna gelatinet, rör om tills det är helt upplöst. Låt det svalna.
q) Fördela jordgubbsspegeln jämnt över hallonbavaroisen.
r) Kyl i minst 2 timmar, eller över natten för bästa resultat.

77. Jordgubbspistasch Mille-Feuillantines

INSTRUKTIONER:
WAFFEL
- ½ kopp skalade naturliga pistagenötter
- ¼ kopp universalmjöl
- ½ kopp strösocker
- ¼ tesked salt
- 2 stora äggvitor
- 5 matskedar osaltat smör, smält
- ¼ tesked vanilj

VISPGRÄDDE
- 1 vaniljstång, skuren på längden
- 1 kopp kyld tung grädde
- 3 matskedar strösocker

ATT TJÄNA
- 1 pund Små jordgubbar
- Konditorsocker för att pudra
- 4 små jordgubbar och hackade pistagenötter

INSTRUKTIONER:
GÖR WAFFERS:
a) Värm ugnen till 325° F. och spraya en tung eller non-stick bakplåt med matlagningsspray eller klä den med bakplåtspapper.
b) Gnid bort löst skal från pistagenötter och i en matberedare mal nötter med strösocker.
c) Vispa ihop pistageblandningen, mjölet och saltet i en skål och vispa i vita, smör och vanilj tills det blandas väl.
d) Släpp rundade teskedar smet med 5 tums mellanrum på ett bakplåtspapper och med baksidan av en sked spridas i 3½- till 4-tums rundor.
e) Grädda rån i mitten av ugnen. Arbeta snabbt och överför varma rån med en tunn metallspatel till ett galler för att svalna helt.
f) Gör fler wafers med den återstående smeten på samma sätt, spraya eller fodra om arket för varje sats.

GÖR VISKAD
g) I en kyld skål skrapa frön av vaniljstång och tillsätt grädde och strösocker.
h) Vispa blandningen med en visp eller elmixer tills den håller styva toppar.

ATT BYGGA IHOP
i) Lägg en oblat i mitten av var och en av de 4 tallrikarna.
j) Bred ut cirka 2 matskedar vispad grädde på varje rån, lämna en ¼-tums kant och toppa med hälften av jordgubbarna.
k) Lägg ytterligare ett rån ovanpå jordgubbarna och toppa på samma sätt med resterande grädde och jordgubbar.
l) Pudra 4 rån med konditorsocker och lägg dem ovanpå desserterna.
m) Garnera varje millefeuillantine med en jordgubbe och strö tallrikar med pistagenötter.

78. Boozy Strawberry Trifle

INSTRUKTIONER:
- 1 dl kall helmjölk
- 1 kopp gräddfil
- 3,4-ounce paket med instant vaniljpuddingmix
- 1 tsk rivet apelsinskal
- 2 dl tung vispgrädde
- 8 koppar änglamatkaka i tärningar
- 4 koppar skivade färska jordgubbar
- ½ kopp Grand Marnier, plus 2 matskedar

INSTRUKTIONER:

a) Blötlägg din änglamatskaka i tärningar över natten i ½ kopp Grand Marnier i frysen.
b) För att börja, vispa din färska tunga vispgrädde och ställ åt sidan. I en stor skål, vispa mjölk, gräddfil, 2 msk likör, puddingmix och apelsinskal på låg hastighet tills det tjocknat. Vänd ner i din vispade grädde.
c) För att ordna din småskål: lägg till ⅓ av kakan på botten. Lägg jordgubbar på sidorna och toppen. Tillsätt sedan din puddingblandning ovanpå det. Upprepa.
d) Kyl i 2 timmar innan servering. Förvaras kylt mellan portionerna.

79. Jordgubbsrabarberskomakare

INSTRUKTIONER:
- 3 dl jordgubbar, skivade i fjärdedelar
- 2 koppar rabarber, skivade i 1-tums block
- 2 msk majsstärkelse
- 1-2 msk farinsocker
- 1 tsk vaniljextrakt
- 1 limejuice och skal
- 1 skomakardeg

INSTRUKTIONER:
a) ingredienser (förutom degen) i en blandningsskål och blanda försiktigt för att täcka frukten lika med majsstärkelse och jämnt fördela sockret.
b) Lägg i en oljad gjutjärnspanna eller annan ugnsform med hög värme.
c) Fördela skomakardegen jämnt över toppen och grädda i din vedugn.
d) Grädda i 350 grader i 35-40 minuter, eller tills fruktjuicerna kokar och skomakarskorpan är gyllenbrun.

80. Rabarber Och Strawberry Crisp

INSTRUKTIONER:

- ¾ kopp socker
- 3 matskedar majsstärkelse
- 3 dl skivad färsk rabarber eller fryst rabarber, tinad
- 2 koppar skivade skalade äpplen eller skivade
- jordgubbar
- 1 dl snabblagad eller gammaldags havre
- ½ kopp packat farinsocker
- ½ kopp smör, smält
- ⅓ kopp universalmjöl
- 1 tsk mald kanel
- Vaniljglass, valfritt

INSTRUKTIONER:

a) I en stor skål, kombinera socker och majsstärkelse. Tillsätt rabarber och äpplen eller jordgubbar; kasta till beläggning. Skeda i en 8-tum. gjutjärnspanna eller annan ugnsfast stekpanna.

b) I en liten skål, kombinera havre, farinsocker, smör, mjöl och kanel tills blandningen liknar grova smulor. Strö över frukt.

c) Grädda i 350° tills den är knaprig och bubblig och frukten är mör, ca 45 minuter. Om så önskas, servera varm med glass.

81. Strawberry Biscoff Dessert Pizza

INSTRUKTIONER:
FÖR PIZZADEGEN:
- 1 ½ dl universalmjöl
- 2 matskedar strösocker
- ½ tsk salt
- 1 tsk aktiv torrjäst
- ⅔ kopp varmt vatten
- 2 matskedar olivolja

FÖR TOPPEN:
- ½ kopp Biscoff- pålägg (eller Speculoos -pålägg)
- 1 dl skivade jordgubbar
- 2 msk strösocker, för att pudra
- Skivade bananer, bär (valfritt)

INSTRUKTIONER:
a) I en stor bunke, vispa ihop mjöl, socker, salt och jäst. Tillsätt det varma vattnet och olivoljan. Rör om tills degen går ihop.
b) Lägg över degen på en lätt mjölad yta och knåda den i ca 5 minuter tills den blir slät och elastisk.
c) Forma degen till en boll.
d) Lägg tillbaka degbollen i mixerbunken och täck den med en ren kökshandduk. Låt den jäsa på en varm plats i ca 1 timme, eller tills den har dubbelt så stor storlek.
e) Värm ugnen till 425°F (220°C). Klä en plåt med bakplåtspapper.
f) När degen har jäst, överför du den till den förberedda bakplåten. Använd händerna för att sträcka ut och forma degen till en rund eller rektangulär pizzaform.
g) Fördela Biscoff- spridningen jämnt över pizzadegen, lämna en liten kant runt kanterna.
h) Lägg de skivade jordgubbarna ovanpå Biscoff -pålägget.
i) Sätt in pizzan i den förvärmda ugnen och grädda i ca 12-15 minuter, eller tills skorpan är gyllenbrun.
j) Ta ut dessertpizzan från ugnen och låt den svalna något.
k) Pudra toppen med strösocker.
l) Toppa med bananer och bär om så önskas.
m) Skiva Strawberry Biscoff Dessert Pizza i klyftor eller rutor och servera den varm eller i rumstemperatur.

82. Jordgubbsmacaron

INSTRUKTIONER:
JORDGubbsmakaronsskal
- 100 gram äggvita
- 100 gram vitt strösocker
- 105 gram mandelmjöl
- 100 gram strösocker
- 5 gram frystorkat jordgubbspulver
- En droppe fuchsia matfärg

JORDGubbsSMÖRKRÄM
- 4 msk osaltat smör, mjukat (56 gram)
- 1 1/2 koppar konditorsocker, siktat (187,5 gram)
- 1/3 kopp frystorkat jordgubbspulver (ca 30 gram)
- 2 till 4 msk mjölk eller vatten, efter behov

ATT DEKORERA
- 56 gram vit choklad
- 5 gram pulveriserade frystorkade jordgubbar

INSTRUKTIONER:
JORDGubbsmakaronsskal

a) Förbered en stor spritspåse utrustad med en stor rund spets (ca 1/4" diameter). Ställ den åt sidan.
b) Klä två bakplåtar med bakplåtspapper eller silikonmattor.
c) Sikta samman strösocker, mandelmjöl och frystorkat jordgubbspulver. Avsätta.
d) I en värmesäker skål placerad över en kastrull med knappt sjudande vatten (dubbelkokare), kombinera sockret och äggvitan. Vispa blandningen tills sockret är helt smält och blandningen är skum. Detta bör ta några minuter.
e) Överför socker- och äggviteblandningen till bunken med en stavmixer och vispa på låg hastighet i cirka 30 sekunder, öka sedan gradvis hastigheten till medium. Vispa i 1-2 minuter tills blandningen blir vit och fluffig. Fortsätt vispa på hög eller medelhög hastighet tills det bildas styva toppar.
f) Tillsätt det siktade strösockret, mandelmjölet och det frystorkade jordgubbspulvret till den styva marängen. Tillsätt också en droppe fuchsia matfärg om så önskas.

g) Vänd försiktigt ner de torra ingredienserna i marängen för att bilda en glansig och flytande smet. Var noga med att inte övermixa.
h) Överför smeten till den förberedda spritspåsen.
i) Sprid ut smeten på bakplåtarna i cirklar, använd macaronmallar om det finns. Knacka brickorna på bänken några gånger för att ta bort luftbubblor och låt skalen sitta i cirka 20-40 minuter tills de bildar en torr yta.
j) Värm ugnen till 325ºF (165ºC).
k) Baka en bricka med macaronskal åt gången i cirka 15 till 20 minuter tills de får en djupare färg och fötter. Undvik att flytta skalen tills de är helt genomgräddade och inte känns skakiga.
l) Ta ut skalen från ugnen och låt dem svalna helt innan du fortsätter med fyllningen.

JORDGubbsSMÖRKRÄM

m) I skålen med en elektrisk mixer, grädde det mjukade smöret på medelhastighet i cirka 1 minut.
n) Stäng av mixern och tillsätt allt siktat strösocker och frystorkat jordgubbspulver.
o) Vispa ihop ingredienserna på låg hastighet tills de är blandade, öka sedan hastigheten till medel och grädda i 1-2 minuter tills smörkrämen är fluffig.
p) Om smörkrämen verkar torr eller stel, tillsätt 2 msk mjölk eller vatten och blanda tills den når en slät och krämig konsistens. Justera med mer strösocker om det behövs.

ATT DEKORERA

q) Smält den vita chokladen i mikron och lägg den i en spritspåse. Klipp av änden av påsen med en sax.
r) Ringla den smälta vita chokladen över hälften av macaronskalen och strö pudrade frystorkade jordgubbar ovanpå för dekoration.
s) Sprid en liten mängd jordgubbssmörkräm på det nedre skalet av varje macaron och lägg sedan ihop det med ett dekorerat skal ovanpå.

83. Jordgubbs-champagnesorbet

INSTRUKTIONER:
- 4 koppar färska jordgubbar, tvättade och skalade
- 1 ½ dl champagne eller prosecco
- ⅓ kopp strösocker

INSTRUKTIONER:
a) Tillsätt alla ingredienser i en mixer och mixa tills det är slätt.
b) Överför blandningen till en glassmaskin och kärna enligt tillverkarens instruktioner .
c) Ät omedelbart eller överför till en fryssäker behållare för att kyla tills den stelnar.

84. Ferrero Rocher Strawberry Charlotte

INSTRUKTIONER:

- 24 ladyfinger kex
- 1 kopp tung grädde
- ¼ kopp strösocker
- 1 tsk vaniljextrakt
- 8 uns färskost, mjukad
- ½ kopp chokladhasselnötspålägg (som Nutella)
- 1 kopp tärnade jordgubbar
- 12 Ferrero Rocher -choklad, hackad
- Chokladspån, till garnering
- Färska jordgubbar, till garnering

INSTRUKTIONER:

a) Klä sidorna av en 9-tums springform med ladyfinger kex, placera dem vertikalt och sida vid sida. Låt den släta sidan vara vänd utåt.
b) Vispa grädden, strösockret och vaniljextraktet i en bunke tills mjuka toppar bildas. Avsätta.
c) I en annan blandningsskål, vispa färskosten tills den är slät och krämig.
d) Tillsätt chokladhasselnötspålägget till färskosten och vispa tills det är väl blandat.
e) Vänd försiktigt ner den vispade grädden i färskostblandningen tills den är helt införlivad.
f) Vänd ner de tärnade jordgubbarna och den hackade Ferrero Rocher -chokladen i blandningen.
g) Häll blandningen i den förberedda springformen, fördela den jämnt.
h) Ställ Charlotte i kylen och låt den svalna i minst 4 timmar, eller tills den stelnat.
i) När den stelnat tar du bort sidorna av springformen.
j) Garnera toppen av Charlotte med chokladspån och färska jordgubbar.
k) Skiva och servera Ferrero Rocher Strawberry and Chocolate Charlotte, och njut av den härliga kombinationen av krämig fyllning, jordgubbar och de rika smakerna av Ferrero Rocher -choklad!

85. Hibiscus Strawberry Margarita Float

INSTRUKTIONER:
HIBISCUS JORDGubbssirap
- 2 koppar vatten
- ¾ kopp socker
- 1 lb skivade jordgubbar
- 1 oz torkade hibiskusblommor eller lika vikt i hibiskus tepåsar

MARGARITAS GASSFLYTTE
- 1 shot Hibiscus Strawberry Sirap
- 1 ½ shot Silver Tequila
- 1 - 2 skopor Salted Lime Sherbet
- Citron lime soda till toppen

INSTRUKTIONER:
HIBISCUS JORDGubbssirap
a) Koka upp vatten, socker och hibiskus. När det kokar, låt sjuda i ytterligare 15 minuter för att tjockna. Dränera.
b) Koka upp hibiskusvätskan igen och lägg i jordgubbsskivorna. Sjud på låg nivå i 5-10 minuter tills jordgubbarna mjuknat och sirapen har tjocknat. Låt den svalna helt. Häll av vätskan genom en fin sil och tryck försiktigt ner jordgubbarna för att få ut all vätska.
c) Överför det till en flaska. Låt den stå kallt över natten.

MARGARITAS GASSFLYTTE
d) Häll upp Hibiscus Strawberry Sirap och Tequila i ett högt glassglass.
e) Tillsätt en skopa lime sorbet.
f) Toppa med citron-lime soda och en strö salt.
g) Valfritt - skala lite lime ovanpå flottören.
h) Servera omedelbart. Rör om innan du dricker!

KRYDDER

86.Jordgubbssylt

INSTRUKTIONER:
- 1 pund färska jordgubbar, skalade och halverade
- 1 ½ koppar strösocker
- 2 matskedar färsk citronsaft

INSTRUKTIONER:
a) Blanda jordgubbarna och sockret i en stor gryta. Låt dem sitta i ungefär en timme för att macerera.
b) Koka jordgubbsblandningen på medelhög värme, rör om ofta, tills den når 220°F (105°C) på en godistermometer, cirka 20-25 minuter.
c) Ta av från värmen och rör ner citronsaft.
d) Överför sylten till steriliserade burkar och förslut.

87.Jordgubbs lavendelsylt

INSTRUKTIONER:
- 1 pund jordgubbar
- 1 pund socker
- 24 lavendelstjälkar (delade)
- 2 citroner, saft av

INSTRUKTIONER:
a) Börja med att tvätta, torka och skala jordgubbarna.
b) I en stor skål, varva jordgubbarna med sockret och 12 av lavendelstjälkarna. Placera denna blandning på en sval plats över natten så att smakerna smälter samman.
c) Nästa dag, ta bort och kassera lavendelstjälkarna som används för infusion över natten. Lägg bärblandningen i en stor kastrull utan aluminium.
d) Bind ihop de återstående 12 lavendelstjälkarna och tillsätt dem till bären tillsammans med citronsaften.
e) Koka blandningen på medelhög värme tills den kokar, fortsätt sedan att koka i 20 till 25 minuter, rör om då och då. Se till att skumma allt skum som bildas på toppen.
f) När sylten har tjocknat och nått önskad konsistens, ta bort och kassera lavendelstjälkarna.
g) Häll försiktigt jordgubbslavendelsylten i steriliserade burkar och förslut dem.

88. Strawberry Glaze

INSTRUKTIONER:
- 1 dl färska jordgubbar, skalade och hackade
- 1 kopp strösocker
- 1 msk citronsaft

INSTRUKTIONER:
a) Mosa jordgubbarna i en mixer eller matberedare tills de är jämna.
b) I en medelstor skål, vispa ihop strösocker och citronsaft.
c) Tillsätt jordgubbspurén i strösockerblandningen och vispa tills det är väl blandat.
d) Häll glasyren över din dessert och låt stelna innan servering.

89.Rabarber-, ros- och jordgubbssylt

INSTRUKTIONER:
- 2 pund rabarber
- 1 pund jordgubbar
- ½ pund starkt doftande rosenblad
- 1½ pund socker
- 4 saftiga citroner, inklusive frön, lades åt sidan

INSTRUKTIONER:
a) Skiva rabarbern och varva den i en skål med de hela skalade jordgubbarna och sockret. Häll på citronsaften, täck över och låt stå över natten.
b) Häll innehållet i skålen i en icke-reaktiv panna. Tillsätt citronfröna bundna i en muslinpåse och koka försiktigt upp. Koka i 2 minuter och häll sedan tillbaka innehållet i pannan i skålen. Täck och låt stå svalt över natten en gång till.
c) Lägg tillbaka rabarber- och jordgubbsblandningen i pannan.
d) Ta bort de vita spetsarna från rosenbladens baser och lägg till kronbladen i pannan, tryck dem väl ner bland frukterna.
e) Koka upp och koka snabbt tills inställningspunkten nås, häll sedan upp i varma steriliserade burkar.
f) Försegla och bearbeta.

DRYCK

90.Skittles Strawberry Milkshake

INSTRUKTIONER:
MILKSHAKE:
- 4 dl vaniljglass
- 12 Strawberry Skittles Freeze Pops, frysta
- 1 ½ dl jordgubbar, halverade och i fjärdedelar

SERVERING:
- ¼ kopp Strawberry Skittles
- 9 uns vit choklad mandelbark, smält
- 1 kopp vispad grädde
- 1 kopp jordgubbar

INSTRUKTIONER:
a) I en liten till medelstor skål, smält 9 uns vit choklad mandelbark i mikrovågsugnen, rör om i 15-30 sekunders intervall tills den är slät. Låt den svalna till en lätt smält jordnötssmörskonsistens.
b) Doppa kanten på ditt milkshakeglas i den avsvalnade vita chokladen, vilket säkerställer en jämn nedsänkning. Luta glaset i 45 graders vinkel och rotera långsamt så att chokladen kan rinna runt kanten utan att droppa. Lägg jordgubbskittles runt kanten och ställ i kylen för att stelna.
c) Skiva och kvarta 1 ½ koppar färska jordgubbar, lägg dem åt sidan.
d) Krossa 12 frysta Strawberry Skittles Freeze Pops i en medelstor skål. Använd endast frysta fryspopp för att undvika överflödig vätska i milkshaken.
e) I en mixer, kombinera 2 koppar hemlagad vaniljglass och de krossade Skittles-fryspopparna. Mixa tills milkshaken har en jämn rosa färg. Undvik överblandning för att behålla tjockleken.
f) Tillsätt de skurna och kvartade jordgubbarna i mixern, mixa tills du når önskad milkshakekonsistens.
g) Häll milkshaken i det förberedda glaset med en chokladdragerad Skittles-kant.
h) Toppa milkshaken med färsk vispad grädde och en jordgubbe för den perfekta presentationen.
i) Sätt i ett sugrör och "smaka på regnbågen!"

91.Strawberry Açaí Rosé Spritzer

INSTRUKTIONER:
- 1 kopp jordgubbar
- ½ citron, saftad
- 8 oz rosé
- 6 oz energidryck
- Till garnering: Jordgubbar, citronskivor, myntablad

INSTRUKTIONER:
a) Mosa jordgubbarna och citronsaften i en mixer tills de är slät.
b) För varje spritsare, tillsätt 3 matskedar jordgubbspuré och rosé i ett glas.
c) Tillsätt isbitar och toppa med energidrycken. Rör om igen.
d) Garnera med jordgubbar, citronskivor och färsk mynta...och njut!

92. Jordgubbs Lassi

INSTRUKTIONER:
- ¼ kopp lättmjölk
- 1 kopp lättmjölk yoghurt
- 2 msk vitt socker eller sötningsmedel
- 3 isbitar
- 9 jordgubbar (sköljda och skalade)

INSTRUKTIONER:
a) Skär 3 av jordgubbarna i små bitar och lägg åt sidan
b) Lägg sötningsmedlet och resten av jordgubbarna i en mixer och bearbeta i cirka 30 sekunder
c) Häll i mjölken och mixa i ytterligare 30 sekunder
d) Häll i yoghurten och mixa ytterligare en minut
e) Placera en isbit i vart och ett av tre höga glas
f) Häll den blandade blandningen över isbiten och lägg jordgubbsbitar ovanpå
g) Servera omedelbart.

94.Jordgubbsbanan Hasselnötssmoothie

INSTRUKTIONER:
- 6-7 jordgubbar
- ½ banan
- 1 dl mjölk
- 1 ½ dl chokladglass
- 9-10 hasselnötter
- 1 chokladstav
- 1 brownie

INSTRUKTIONER:

a) I en mixer, kombinera mjölk, jordgubbar, banan och chokladglass. Mixa tills du får en slät blandning.

b) Häll upp smoothien i ett glas, och för en extra touch, pryd den med choklad. Lägg till en brownie och en chokladstav för att göra det ännu mer ljuvligt.

c) Servera smoothien kyld och njut av det goda!

95.Strawberry Lemonade Spritzer

INSTRUKTIONER:
- 1 kopp färska jordgubbar, skalade och skivade
- ½ kopp färsk citronsaft
- ¼ kopp strösocker
- 2 koppar kolsyrat vatten
- Isbitar
- Färska myntablad till garnering

INSTRUKTIONER:
a) I en mixer, kombinera jordgubbar, citronsaft och socker. Mixa tills det är slätt.
b) Sila blandningen genom en finmaskig sil för att ta bort eventuella frön.
c) Fyll glasen med isbitar och häll jordgubbs-citronblandningen över isen.
d) Toppa varje glas med kolsyrat vatten och rör om försiktigt.
e) Garnera med färska myntablad och servera.

96.Jordgubbs- och pistaschsmoothie

INSTRUKTIONER:
- 3 dl frysta jordgubbar
- 1 dl skalade, rostade pistagenötter
- 1 kopp osötad vaniljmandelmjölk
- 1 ½ msk ren lönnsirap
- 1 kopp vatten

INSTRUKTIONER:
a) Lägg dina pistagenötter i en skål och täck dem helt med vatten. Blötlägg i minst 3 timmar eller över natten om möjligt.
b) Häll av vattnet och skölj pistagenötterna noggrant. Lägg dem i en mixer.
c) Purea de återstående ingredienserna i mixern tills den är slät och krämig. Servera och njut!

97.Dalgona jordgubbsmjölk

INSTRUKTIONER:
- 2 msk frystorkat jordgubbspulver
- 2 matskedar socker
- 2 matskedar varmt vatten
- Mjölk (alla typer)

INSTRUKTIONER:
a) I en skål, vispa ihop frystorkat jordgubbspulver, socker och varmt vatten tills det blir tjockt och skummande.
b) Fyll ett glas med mjölk.
c) Häll den vispade Dalgona- blandningen över mjölken.
d) Rör om innan du njuter.

98.Mousserande jordgubbsmimosa

INSTRUKTIONER:
- 2 uns apelsinjuice
- 2 uns jordgubbar
- ½ uns jordgubbssirap 4 uns champagne

INSTRUKTIONER:
a) Mixa apelsinjuice, jordgubbar och jordgubbssirap i en mixer tills det är slätt.
b) Häll upp i ett cocktailglas.
c) Toppa med champagne.
d) Garnera med en jordgubbe och en apelsinskiva.

99. Frukost Berry Banana Milkshake

INSTRUKTIONER:

- 2 mogna bananer, skivade i 1-tums bitar
- ¼ kopp blåbär
- 5 till 10 hela jordgubbar, i fjärdedelar och skalade
- ½ kopp mjölk

INSTRUKTIONER:

a) Kombinera frukter i en fryspåse av plast; förslut och frys i 3 timmar över natten.
b) Lägg de frysta frukterna i en mixer eller matberedare. Om frukter är stenhårda, låt dem tina lite.
c) Tillsätt mjölk och bearbeta tills det är slätt och tjockt.
d) Häll upp i muggar och servera med skedar.

100. Smoothie med mynta och jordgubbar

INSTRUKTIONER:
- 1 banan
- 1 dl frysta jordgubbar
- ¼ kopp färska myntablad
- ½ kopp osötad vaniljmandelmjölk
- ½ kopp grekisk yoghurt
- 1 matsked honung

INSTRUKTIONER:
a) I en mixer, kombinera banan, frysta jordgubbar, myntablad, mandelmjölk, grekisk yoghurt och honung.
b) Mixa tills det är slätt.
c) Häll upp i ett glas och servera genast.
d) Njut av!

SLUTSATS

När vi avslutar vår resa genom "Jordgubbar: 100 beprövade och sanna recept", hoppas vi att du har blivit inspirerad att utforska jordgubbarnas underbara värld och upptäcka nya sätt att njuta av denna älskade frukt i din matlagning. Oavsett om du ägnar dig åt klassiska jordgubbsdesserter, experimenterar med salta jordgubbsrätter eller bevarar sommarskörden för senare njutning, finns det ingen brist på läckra möjligheter när det kommer till att laga mat med jordgubbar.

När du fortsätter att utforska jordgubbarnas söta och saftiga värld, må varje recept du provar föra dig närmare att uppleva de livfulla smakerna och härliga texturerna som denna älskade frukt har att erbjuda. Oavsett om du lagar mat till dig själv, din familj eller dina vänner, kan tillägget av jordgubbar ge glädje och tillfredsställelse till dina måltider och skapa omhuldade minnen runt bordet.

Tack för att du följde med oss på denna smakrika resa genom jordgubbarnas värld. Må ditt kök fyllas med doften av söta jordgubbar, ditt bord med läckra rätter och ditt hjärta med glädjen att laga mat och dela god mat. Tills vi ses igen, glad matlagning och god aptit!

www.ingramcontent.com/pod-product-compliance
Lightning Source LLC
Chambersburg PA
CBHW071316110526
44591CB00010B/914